Das große Bewegungs-VORLESEBUCH

für Senior*innen

Petra Bartoli y Eckert

Geschichten zum Mitmachen und Spaßhaben

Verlag an der Ruhr

Impressum

Titel

Das große Bewegungsvorlesebuch für Senior*innen
Geschichten zum Mitmachen und Spaßhaben

Autorin

Petra Bartoli y Eckert

Lektorat

Corina Altmann

Umschlagmotive

*Senior*innen:* © Aleutie – Shutterstock.com

Druck

AZ Druck und Datentechnik GmbH, Kempten, DE

Verlag an der Ruhr
Mülheim an der Ruhr
www.verlagruhr.de

Wichtiger Hinweis
Die Bewegungen in diesem Buch sind von der Autorin erprobt und vom Verlag sorgfältig erwogen worden. Nehmen Sie dennoch eine genaue Prüfung entsprechend Ihrer Situation vor und wägen Sie verantwortungsvoll ab, welche Bewegungsanregungen Sie bei welchen Personen anwenden. Einige Anregungen können nur bei medizinischer Unbedenklichkeit angewendet werden. Die Durchführung der Bewegungsanregungen erfolgt ausschließlich in eigener Verantwortung der Anwender*innen.

ISBN 978-3-8346-4744-3

Inhaltsverzeichnis

Bewegungsgeschichten von Kopf bis Fuß

Bewegungsgeschichten mit Material

Bewegungsgeschichten mit Signalwort

Bewegungsreimgeschichten

Bewegungsgeschichten zum Entspannen

Der Verlag an der Ruhr legt großen Wert auf eine geschlechtergerechte und inklusive Sprache. Daher nutzen wir bevorzugt das Gendersternchen, um sowohl männliche und weibliche als auch nichtbinäre Geschlechtsidentitäten einzuschließen. Alternativ verwenden wir neutrale Formulierungen. In den Vorlese-Geschichten in diesem Buch verzichten wir dennoch auf das Gendern. Dies ist eine Einzelfallentscheidung aus didaktischen Gründen und ist in keinem Fall ausschließend oder diskriminierend zu verstehen.

Vorwort

Liebe Vorlesende, liebe Zuhörer und Zuhörerinnen,

Bewegung hält fit! Ich selbst bewege mich sehr gerne: Ich gehe oft stundenlang spazieren und wandere mit Begeisterung in den Bergen. Doch es müssen nicht immer lange Bewegungseinheiten sein. Schon kleine Alltagsbewegungen tun unserem Körper gut. Deshalb hoffe ich, dass die folgenden Geschichten gleich zwei Dinge erfüllen können:
Ich lade Sie zu kleinen Bewegungen, passend zur jeweiligen Geschichte, ein. Gleichzeitig möchte ich Sie mit humorvollen Texten zum Schmunzeln bringen und Ihnen damit auf angenehme Weise die Zeit vertreiben.

Vielleicht erfüllen die Geschichten sogar noch einen dritten Zweck. Denn ich habe mich im Vorfeld mit zahlreichen Seniorinnen und Senioren über Erinnerungen an frühere Zeiten und Anekdoten aus ihrem Leben unterhalten. Diese Erzählungen haben mich zu so mancher Geschichte inspiriert. So sind zahlreiche Texte entstanden, die vielleicht eigene Erinnerungen wecken und zum Nachdenken und Plaudern anregen. Nehmen Sie sich also nicht nur Zeit, der Geschichte zu lauschen, sondern auch nach dem Vorlesen gemeinsam zu erzählen.

So können Sie nicht nur während des Vorlesens, sondern auch nach den Geschichten aktiv werden. Das sorgt für Leichtigkeit und hält sowohl den Körper als auch die Seele gesund.

Die passenden Bewegungen zu den Geschichten habe ich übrigens gemeinsam mit Seniorinnen und Senioren ausprobiert. Und wir hatten alle großen Spaß dabei! Den wünsche ich Ihnen nun auch. Bleiben Sie beweglich und fit!

Herzlichst
Petra Bartoli y Eckert

Kapitel 1

Bewegungsgeschichten von Kopf bis Fuß

Die folgenden Bewegungsgeschichten von Kopf bis Fuß beinhalten passende Bewegungen zu einzelnen Textabschnitten. Sie sind so aufgebaut, dass Sie als Vorleser*in die Bewegungen während des Lesens vormachen und Ihre Teilnehmenden diese dann nachmachen können. Die jeweiligen Bewegungsimpulse finden Sie, farblich hervorgehoben, in Klammern unter dem jeweiligen Textabschnitt.

Einmal waschen und legen, bitte!

Heute hat Wolfgangs Frau Gerlinde einen Friseurtermin. Weil es nieselt, hat Wolfgang versprochen, sie später mit dem Auto beim „Salon Hildegard“ abzuholen. Auch wenn er selbst keinen Friseur nötig hat, will er seine Frau im wahrsten Sinne des Wortes nicht im Regen stehen lassen.
„Das ist gut. Dann ist meine neue Frisur nicht gleich wieder ruiniert“, hat sich Gerlinde gefreut.
Sie hat sich ein Kopftuch umgebunden und Wolfgang zum Abschied eine Kusshand zugeworfen.
(eine Kusshand zuwerfen)

Jetzt steht Wolfgang vor dem „Salon Hildegard“. Er ist viel zu früh dran. Obwohl es nieselt, bleibt Wolfgang lieber draußen stehen. Neugierig linst er durch das große Fenster ins Innere des Friseursalons. Dabei schirmt er die Augen mit den Händen ab und beugt sich weit nach vorne, bis seine Nase beinahe an der Fensterscheibe klebt.
(die Hände rechts und links ans Gesicht legen und sich nach vorne beugen)

Ah, Gerlinde ist gerade beim Haarewaschen. Sie hat einen geblümten Umhang umgebunden. Ihren Kopf hat sie weit nach vorne über das Waschbecken gebeugt.
(den Kopf nach vorne beugen)

Wolfgang beobachtet, wie die Friseurin das Shampoo einmassiert. Sie knetet mit beiden Händen durch die Haare seiner Frau.
(mit beiden Händen sanft den eigenen Kopf massieren)

Nachdem sie die Haare ausgespült hat, greift sie nach einem Handtuch und schüttelt es kräftig aus.
(ein imaginäres Handtuch in der Luft ausschütteln)

Dann legt sie es um Gerlindes Kopf. Als Gerlinde sich zurücklehnt, schlingt die Friseurin gekonnt das Handtuch zu einem Turban. Gerlinde betastet das Handtuch und nickt dann zufrieden.
(mit beiden Händen den Kopf betasten und nicken)

Wolfgang sieht, wie die Friseurin seine Frau auf ihrem Stuhl mit Rollen zu einem Platz vor dem Spiegel schiebt. Dort löst sie Gerlindes Handtuch und rubbelt die Haare trocken.
(mit den Händen durch die Haare rubbeln)

Danach fährt sie mit einer Bürste durch Gerlindes Haare.
(mit den Händen über die Haare streichen)

Nun sieht Wolfgang, wie Gerlindes Lippen sich bewegen.
(die Lippen bewegen)

„Bestimmt gibt sie der Friseurin jetzt genaue Anweisungen, wie sie die Haare schneiden soll“, murmelt Wolfgang.
Und da liegt er wohl richtig. Denn Gerlinde deutet erst rechts, dann links an ihren Kopf und wedelt dann in der Luft herum.
(mit einer Hand rechts und mit der anderen Hand links an den Kopf zeigen, dann mit den Händen in der Luft wedeln)

Jetzt greift die Friseurin zur Schere. Erst schneidet sie vorne, dann kürzt sie hinten.
(mit zwei Fingern Schneidebewegungen in der Luft machen)

Danach wischt sie mit einer Handbewegung ein paar Haare von Gerlindes Schultern.
(mit den Händen über die Schultern wischen)

Wolfgang sieht, wie sich die Friseurin entfernt. Wenig später kommt sie mit einem Besen wieder. Damit fegt sie die Haare auf dem Boden zu einem Häufchen zusammen.
(mit beiden Armen eine Fegebewegung machen)

Was macht das Fräulein denn jetzt? Wolfgang verändert seine Position ein wenig, um besser sehen zu können.
(auf dem Stuhl hin und her rutschen)

Jetzt kann er es erkennen! Die Friseurin hat Lockenwickler in der Hand.
„Ach so, jetzt werden die Haare eingedreht“, stellt Wolfgang fest.
Die Friseurin nimmt Strähne um Strähne von Gerlindes Haaren und dreht sie um die Wickler.
(mit den Händen in der Luft Drehbewegungen machen)

Die Prozedur dauert lange. Wolfgang tritt von einem Bein auf das andere.
(die Beine nacheinander heben und senken)

Ein bisschen ungeduldig sieht er auf die Uhr. Jetzt steht er schon seit einer halben Stunde vor dem Salon.
(das Handgelenk drehen und auf die [imaginäre] Uhr schauen)

Wolfgang dreht den Kopf wieder zum Fenster. Er sieht gerade noch, wie die Friseurin zu einem Föhn greift. Wolfgang zieht den Reißverschluss seiner Jacke bis unters Kinn. Jetzt wird es hoffentlich nicht mehr lange dauern!
(mit einer Hand einen imaginären Reißverschluss hochziehen)

Aber da hat er sich getäuscht. Denn auch das Föhnen dauert seine Zeit. Ganz akribisch hebt die Friseurin Haarpartie um Haarpartie an.
(beide Hände mit der Handfläche nach oben hochheben)

Den Föhn hält sie eine halbe Ewigkeit über jede Strähne. Wolfgang seufzt. Er kratzt sich am Kopf und überlegt, ob er lieber noch eine Runde um den Block gehen soll.
(sich am Kopf kratzen)

Doch dann sieht er, wie die Friseurin endlich den Föhn beiseitelegt und seiner Frau auf den Oberarm klopft.
(sich auf den Oberarm klopfen)

Nun hält sie Gerlinde einen Spiegel hinter den Kopf. So kann Wolfgangs Frau ihre Frisur im Wandspiegel von allen Seiten betrachten. Sie dreht den Kopf erst nach links, dann nach rechts.
(den Kopf nach links und rechts drehen)

„Hoffentlich ist sie zufrieden. Sonst dauert es noch länger", stöhnt Wolfgang leise. Er hat Glück. Denn er sieht, wie Gerlinde lächelt und nickt.
(lächeln und nicken)

Die Friseurin holt noch eine Sprühdose. Damit verteilt sie Haarfestiger über Gerlindes Kopf.
(mit einer Hand und gebogenem Zeigefinger einen Kreis in der Luft beschreiben)

Danach öffnet sie den Knoten des Umhangs in Gerlindes Nacken und nimmt ihn ab.
(im Nacken einen imaginären Knoten lösen)

Wolfgang tritt von der Scheibe weg und geht zur Eingangstür.
Als er sie aufdrückt, bimmelt leise ein Glöckchen.
(mit beiden Händen eine imaginäre Tür aufdrücken)

Wolfgang stellt sich hinter seine Frau, die schon zum Bezahlen am Tresen steht. Die Friseurin sieht auf und dreht ihren Kopf in Wolfgangs Richtung.
(den Kopf nach rechts drehen)

„Einmal waschen und legen, bitte", sagt Wolfgang ernst.
Die Friseurin reißt die Augen auf und legt eine Hand vor den Mund.
(die Augen weit öffnen und die Hand vor den Mund legen)

Gerlinde dreht sich zu ihm um.
„Du Witzbold“, lacht sie.
Wolfgang zwinkert der Friseurin zu und reibt sich über seine Glatze.
(zwinkern und sich über den Kopf streichen)

„Das war nur ein Scherz. Ich bin hier, um meine Frau abzuholen“, kichert Wolfgang.
Er hält seiner Frau den Arm hin, damit sie sich unterhaken kann.
Dann verlassen die beiden den Salon. Die Friseurin sieht ihnen, amüsiert den Kopf schüttelnd, nach.
(den Kopf schütteln und schmunzeln)

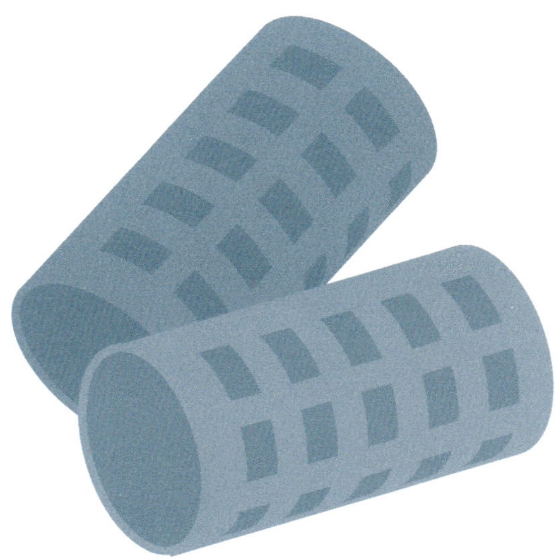

Ursula lernt schwimmen

Ursula will schwimmen lernen! Natürlich ist das eine nützliche Fähigkeit, die man immer gebrauchen kann. Aber vor allem liegt Ursula der fesche Bademeister am Herzen. Und der bietet Einzelunterricht an. Dafür hat Ursula sich angemeldet. Jetzt steht sie im Schwimmbad am Beckenrand und wartet auf ihren Schwimmlehrer. Sie zupft nervös an den Trägern ihres Badeanzugs herum. Dann setzt sie sich noch rasch ihre Badekappe auf.
(mit beiden Händen über den Kopf streichen)

Hoffentlich findet Gerhard, der Bademeister, die nicht zu kitschig. Die Bademütze ist rot und daran sind bunte Blumen befestigt. Wo bleibt er nur? Ursula sieht rechts und links über die Schulter.
(rechts und links über die Schulter blicken)

Da! Mit großen Schritten nähert sich Gerhard. Verstohlen beobachtet Ursula seinen athletischen Gang. Als der Bademeister näher kommt, sieht sie schnell in eine andere Richtung.
(den Kopf von rechts nach links drehen)

„Hallo, Ursula. Na, bist du bereit?", grüßt Gerhard und lächelt. Ursula nickt verlegen.
(nicken)

Sie merkt, dass ihre Wangen glühen. Bestimmt hat ihr Gesicht die gleiche Farbe wie ihre Badekappe! Ursula fächelt sich etwas Luft zu.
(mit den Händen vor dem Gesicht wedeln)

Aber Gerhard scheint gar nichts von Ursulas Aufregung mitzubekommen.
„Fangen wir mit einer kleinen Aufwärmübung an", schlägt er vor.
„Zuerst ziehst du beide Schultern hoch. So, dass dein Kopf dazwischen verschwindet."
Gerhard macht es vor, Ursula macht mit.
(die Schultern mehrmals hochziehen)

„Gut", lobt Gerhard. „Jetzt lockern wir die Schultern."
Der Bademeister lässt beide Schultern gleichzeitig nach vorne kreisen.
Ursula macht es nach.
(die Schultern nach vorne kreisen lassen)

Gerhard nickt zufrieden, während er weitermacht.
„Und jetzt die Richtung ändern", kommandiert er.
Ursula lässt ihre Schultern nach hinten kreisen.
(die Schultern nach hinten kreisen lassen)

„Bist du bereit?", fragt Gerhard.
Ursula merkt, wie sie wieder errötet. Wozu soll sie denn bereit sein?
Gerhard lacht, als er ihren Blick sieht.
„Ich meine, um ins Wasser zu gehen", erklärt er schnell.
„Dazu solltest du dich vorher abkühlen."
Das ist eine gute Idee! Ursula nimmt eine Handvoll Wasser und spritzt sie sich ins Gesicht.
(mit beiden Händen und abgespreizten Fingern das Gesicht abtupfen)

Dann holt sie erneut Wasser mit den Händen aus dem Becken und verteilt es an Beinen und Armen.
(mit beiden Händen Beine und Arme sanft abklopfen)

„So, dann bitte rein ins kühle Nass“, sagt Gerhard und deutet zu den Stufen, die ins Becken führen.
Vorsichtig steigt Ursula nach unten.
(im Sitzen die Beine nacheinander anheben)

Hu! Das Wasser ist ziemlich kalt! Ursula reibt sich mit den Händen über die Arme.
(über Kreuz mit den Händen über die Arme reiben)

„Gleich wird dir warm. Schau, so gehen die Armbewegungen beim Brustschwimmen“, meint Gerhard vom Beckenrand aus.
Er zeigt ihr, wie es geht, und Ursula macht es im Stehen mit.
(Schwimmbewegungen vor der Brust machen)

„Und jetzt stoß dich mit den Füßen vom Boden ab und leg dich mit dem Bauch auf das Wasser“, sagt Gerhard und lehnt sich nach vorne.
Ursula versucht es. Sie stößt sich mit dem Füßen kräftig ab.
(die Fersen vom Boden abheben und die Füße auf die Zehenspitzen rollen)

Sie liegt jetzt tatsächlich auf dem Wasser. Aber nicht lange. Dann geht sie unter. Ursula rudert mit den Armen in der Luft herum.
(seitlich mit den Armen in der Luft rudern)

„Du kannst stehen. Das Wasser ist nicht tief", hört sie Gerhards Stimme. Ursula sucht mit den Füßen Halt. Tatsächlich! Sie hat wieder sicheren Boden unter den Füßen. Ursula wischt sich mit beiden Händen das Wasser aus dem Gesicht.
(mit beiden Händen über das Gesicht wischen)

„Komm! Gleich noch mal. Diesmal machst du die Armbewegungen, die ich dir gezeigt habe", ermuntert Gerhard sie.
Ursula zögert. Gerhard macht ihr die Schwimmbewegungen noch einmal vor.
(Schwimmbewegungen vor der Brust machen)

Ursula nimmt all ihren Mut zusammen. Sie stößt sich erneut vom Boden ab. Als ihr Körper auf dem Wasser liegt, beginnt sie, die Schwimmbewegungen zu machen.
(Schwimmbewegungen vor der Brust machen)

Immerhin geht sie nicht gleich unter. Nach drei Armbewegungen stellt sich Ursula schnell wieder hin.
„Das war schon richtig gut. Jetzt nimmst du die Beine mit dazu", sagt Gerhard.
Er stellt sich auf ein Bein. Mit dem anderen macht er kreisende Bewegungen in der Luft.
(im Sitzen ein Bein anheben und einen kleinen Halbkreis beschreiben)

„Das machst du dann mit beiden Beinen gleichzeitig“, sagt Gerhard und wechselt das Bein.
(im Sitzen das andere Bein anheben und einen kleinen Halbkreis beschreiben)

Ursula nickt. In der Theorie hat sie verstanden, wie es funktioniert. Aber ob ihr das auch im Wasser gelingt? Ursula will es versuchen. Sie stößt sich wieder mit den Füßen vom Beckenboden ab. Dann macht sie die Schwimmbewegungen mit den Armen.
(Schwimmbewegungen vor der Brust machen)

Kurz bevor ihr Kopf untertaucht, erinnert sie sich an die Beinbewegungen. Sie versucht, Arme und Beine gleichzeitig zu bewegen. Ihren Kopf hält sie dabei angestrengt übers Wasser.
(den Kopf weit nach oben strecken)

„Prima!“, lobt Gerhard. Ursula streckt ihre Arme nach vorne.
Jetzt kann sie den Beckenrand fassen.
„Du bist zwei Meter geschwommen! Ich würde sagen: ein echtes Naturtalent“, lobt Gerhard.
Ursula strahlt.
„Ich schlage vor, wir machen Schluss für heute“, sagt Gerhard und wirft einen Blick auf seine Armbanduhr.
(das Handgelenk drehen und auf die [imaginäre] Uhr sehen)

Damit ist Ursula einverstanden. Denn sie merkt, dass ihre Knie leicht zittern. Man soll es schließlich nicht übertreiben. Ursula stemmt ihren Oberkörper am Beckenrand hoch.
(die Hände flach auf den Tisch oder die Oberschenkel legen und den Körper etwas abdrücken)

Ursula klettert aus dem Becken. Sie ist richtig stolz auf sich!
„Ich könnte vor Freude auf der Stelle einen Walzer tanzen", lacht sie.
Sie wiegt die Hüften und tut so, als würde sie den Bademeister zu einem Tänzchen bitten.
(mit den Armen Tanzhaltung einnehmen und die Hüften im Sitzen hin und her schieben)

Doch Gerhard tritt einen Schritt zurück. Ursula bemerkt, dass jetzt ihr Schwimmlehrer rot geworden ist.
„Würde ich gerne. Aber ich muss zugeben: Ich kann gar nicht tanzen", stammelt Gerhard und sieht betreten auf seine Füße.
„Wirklich?", sagt Ursula überrascht. „Ich meine, das macht doch nichts."
Gerhard räuspert sich: „Was hältst du davon, wenn du mir das Tanzen beibringen würdest?"
„Das ist eine gute Idee!", findet Ursula.
Gleich morgen. Am besten am Abend nach ihrer nächsten Schwimmstunde.

Wer suchet, der findet!

Ludwig und Johanna sind jetzt seit einem halben Jahr verheiratet. Und eines muss man sagen: Ludwig ist ein glücklicher und zufriedener Ehemann. Daran muss er auch heute denken, als er von der Arbeit nach Hause kommt. Er zieht im Flur die Schuhe aus und stellt sie nebeneinander unter die Garderobe.
(sich im Sitzen nach unten bücken und wieder hochkommen)

Er setzt seine Kappe ab und zieht seine Arbeitsjacke aus.
(mit der Hand auf den Kopf tippen und erst den rechten, dann den linken Arm seitlich ausstrecken)

„Johanna? Hallo? Ich bin da!", ruft Ludwig.
Aber er bekommt keine Antwort. Ludwig wiegt den Kopf hin und her.
(den Kopf wiegen)

Ludwig geht ins Schlafzimmer und sieht auf seinen Wecker. Schon beinahe halb sechs Uhr. Bestimmt ist Johanna beim Einkaufen. Ludwig zieht seine Arbeitskleidung aus und schlüpft in eine bequeme Hose. Dann geht er zum Nachttisch und tastet nach seinem Ehering.
(mit der rechten Hand auf der Tischplatte oder den Oberschenkeln tasten)

Dort legt er ihn immer abends vor dem Schlafengehen ab. Und nach der Arbeit steckt er ihn wieder an. Aber was ist das? Der Ehering ist weg. Aber er hatte ihn doch wie immer auf dem Nachtkästchen liegen lassen. Ludwig kratzt sich am Kopf.
(sich am Kopf kratzen)

„Bestimmt ist der Ring runtergefallen“, vermutet Ludwig. Er bückt sich, um unter dem Nachttisch zu suchen.
(den Oberkörper im Sitzen nach unten beugen)

Ludwig ist zuversichtlich. Er streckt den Arm weit nach vorne und tastet den Boden unter dem Möbelstück ab.
(die Arme weit nach vorne strecken und in der Luft tasten)

Da! Ludwig zieht einen festen, runden Gegenstand hervor und steht wieder auf. Er betrachtet das Ding, das er in der Hand hält, genauer. Dann lässt er die Schultern hängen.
(die Schultern nach unten fallen lassen)

Es ist nur ein Knopf! Besser gesagt, der Knopf, der an seiner Pyjamajacke fehlt. Ludwig reibt den Knopf zwischen Zeigefinger und Daumen.
(Zeigefinger und Daumen aneinanderreiben)

Er seufzt. Wo ist nur der Ehering geblieben? Ludwig streicht sich die Stirn.
(mit der Hand über die Stirn streichen)

Vielleicht hatte er ihn gestern vor dem Schlafengehen gar nicht mehr am Finger? Ob er den Ring in der Küche, im Badezimmer oder im Wohnzimmer abgenommen hat? Ludwig zieht die Augenbrauen zusammen und denkt scharf nach.
(die Augenbrauen zusammenziehen)

„Ich muss den Ring finden, bevor Johanna zurück ist.
Sonst macht sie mir die Hölle heiß“, murmelt Ludwig.
Er schlüpft in die Pantoffeln, die neben dem Bett stehen.
Damit schlittert er mehr, als dass er geht.
(die Füße gegenläufig über den Boden schieben)

„Am besten fange ich im Bad an“, beschließt Ludwig. Dort war er vor dem Schlafengehen als Letztes. Er stellt sich mitten ins Badezimmer, stemmt die Arme in die Seiten und dreht sich hin und her.
(die Arme in die Seiten stemmen und den Oberkörper hin und her drehen)

Weder am Badewannenrand noch auf dem Boden ist ein Ring.
„Ich werde mein Glück im Wohnzimmer versuchen“, meint Ludwig.
Er schlurft aus dem Badezimmer und den Flur entlang.
(die Füße gegenläufig über den Boden schieben)

In der guten Stube steht das Fenster gekippt. Johanna hat wohl vergessen, es zu schließen. Ludwig macht das Fenster zu und schlingt fröstelnd die Arme um seinen Oberkörper.
(die Arme über Kreuz um den Oberkörper schlingen)

„Wo fange ich an?“, überlegt Ludwig.
Sein Blick fällt auf die Couch. Er macht einen Schritt darauf zu und schiebt seine Hände zwischen die Polster.
(die Hände unter die Oberschenkel schieben)

Außer ein paar Krümeln kann Ludwig nichts ertasten. Er seufzt und geht zur Schrankwand. Die reicht bis zum Boden. Wenn der Ring also nicht darunter sein kann, dann vielleicht oben drauf? Ludwig stellt sich auf Zehenspitzen und streckt die Arme weit nach oben. So tastet er die ganze Länge des Wohnzimmerschranks ab.
(die Füße auf die Zehenspitzen rollen, die Arme hochstrecken und in der Luft tasten)

„Nichts! Das darf doch wohl nicht wahr sein!“, jammert Ludwig.
Jetzt bleibt nur noch die Küche. Vielleicht hat er dort mehr Glück.
Ludwig überprüft jeden Winkel. Er beugt sich vor.
(den Oberkörper vorbeugen)

Er dreht sich herum.
(den Oberkörper hin und her drehen)

Er streckt sich hoch zum Regal an der Wand.
(den Oberkörper lang machen)

Aber er kann den Ehering nirgendwo finden. Ludwig lässt sich auf die Eckbank fallen. Er legt die Hände über sein Gesicht.
(die Hände aufs Gesicht legen)

„Es ist zum Mäusemelken", murmelt Ludwig in seine Hände.
Plötzlich hört er, wie sich ein Schlüssel im Türschloss dreht. Johanna ist zurück! Sie darf auf keinen Fall erfahren, dass Ludwig den Ehering verschlampt hat! Er muss sich sofort etwas einfallen lassen! Aber was?
Ludwig reibt sich die Nase.
(mit einem Finger die Nase auf und ab reiben)

Schon betritt Johanna die Küche. Sie stellt das Einkaufsnetz mit den Holzgriffen auf den Esstisch.
„Du bist ja schon zu Hause. Magst du rasch Kartoffeln aus dem Keller holen? Dann fang ich gleich mit dem Abendessen an", bittet sie.
„Ja, natürlich", sagt Ludwig schnell.
So hat er noch Bedenkzeit, um sich eine Ausrede zu überlegen.
Schnell hastet er aus der Küche. Ludwig ist schon im Flur, da kommt Johanna ihm nach.
„Sag mal, vermisst du eigentlich gar nichts?", fragt sie.
Ludwig tritt nervös von einem Fuß auf den anderen.
(im Sitzen abwechselnd die Füße anheben)

Dann sagt er schnell: „Doch, der Knopf an meiner Pyjamajacke ist abgefallen. Aber ich hab ihn wiedergefunden."
Er deutet in Richtung Schlafzimmer. Dann merkt er, dass Johanna so seinen ringlosen Finger sehen kann. Deshalb zieht er die Hand schnell zurück.
(einen Arm weit nach vorne strecken, dann schnell zurückziehen)

„Ich meine doch deinen Ehering!", lacht Johanna.
Ludwig wird blass. Seine Frau dreht ihren eigenen Ring am rechten Ringfinger hin und her.
(mit dem linken Zeigefinger und Daumen am rechten Ringfinger drehen)

Ludwig merkt, wie ihm der Schweiß ausbricht. Er wischt sich verstohlen über die Stirn.
(mit dem Handrücken über die Stirn wischen)

Da sieht er, wie Johanna in ihre Rocktasche greift.
„Hier. Den hab ich eben vom Juwelier abgeholt. Ich hab ihn heute früh hingebracht, damit er ihn etwas weiter macht. Und nachmittags war er schon fertig. Das ist prima, findest du nicht auch?", fragt Johanna.
Ludwig klappt den Mund auf. Er sieht seine Frau mit großen Augen an.
(den Mund aufklappen und die Augen weit öffnen)

Dann hat er sich wieder im Griff.
„Ja, das ist wirklich klasse", sagt er schnell.
„Dann hätte ich den verflixten Ring ja gar nicht finden können", schiebt er flüsternd hinterher.
„Was hast du gesagt?", fragt Johanna nach.
„Ach nur, dass ich froh bin, dich gefunden zu haben. Weil du die beste Ehefrau der Welt bist", sagt Ludwig und nimmt seine Frau in den Arm.

Beeilung! Wir haben verschlafen!

Wilma liegt im Bett. Sie ist gerade aufgewacht. Gähnend streckt sie ihre Arme aus.
(gähnen und die Arme nach oben strecken)

Sie greift nach dem Wecker und kneift die Augen zusammen.
So kann sie das Zifferblatt und die Zeiger im Dämmerlicht besser erkennen.
„Was?“, entfährt es ihr. „Schon nach halb sieben!“
Wilma richtet sich kerzengerade im Bett auf.
(den Oberkörper weit nach oben strecken)

„Das darf doch wohl nicht wahr sein. Wir haben verschlafen!“, stöhnt Wilma.
Mit der linken Hand fasst sie ihren Mann Egon an der Schulter und versucht, ihn wachzurütteln.
(die linke Hand in der Luft schütteln)

Egon dreht sich auf die Seite und schnarcht leise.
„Aufwachen! Hallo, Egon! Wir müssen aufstehen. Wir haben verschlafen!“, ruft Wilma laut.
Egon schnarcht weiter. Wilma seufzt. Kurzerhand zieht sie ihrem Gatten die Bettdecke weg.
(mit beiden Händen eine imaginäre Bettdecke von links nach rechts ziehen)

„Was ist denn los?“, murmelt Egon verschlafen.
„Es ist nach halb sieben. Das ist los“, sagt Wilma.
Egon reißt die Augen auf. Jetzt ist auch er hellwach.

„Ich sollte längst auf dem Weg in die Arbeit sein", ruft er.
„Eben", sagt Wilma. „Und Sabine muss in die Schule."
Hastig schwingt sie ihre Beine aus dem Bett.
(beide Beine anheben und in der Luft von links nach rechts bewegen)

„Ich gehe schon mal ins Bad. Heute reicht es nur für eine Katzenwäsche. Dann brühe ich schnell Kaffee auf und mache Frühstück", sagt sie.
Dann schlüpft sie in ihre Pantoffeln und eilt ins Bad.
(mit den Füßen auf der Stelle gehen)

Wilma putzt sich in Windeseile die Zähne. Dann fährt sie sich mit der Bürste durch ihre Haare.
(mit den Händen über den Kopf streichen)

Schließlich wäscht sie sich noch mit einer Handvoll Wasser das Gesicht.
(mit beiden Handflächen über das Gesicht wischen)

„Fertig!", ruft sie in Richtung Schlafzimmer, als sie das Bad verlässt.
Dabei greift Wilma nach dem Morgenmantel, der an der Badezimmertür hängt. Im Gehen schlüpft sie in die Ärmel.
(beide Arme nacheinander nach hinten strecken, als würde man in Ärmel schlüpfen)

Wilma eilt zum Kinderzimmer. Dort zieht sie die Vorhänge beiseite und öffnet das Fenster. Wilmas Tochter Sabine raschelt mit der Bettdecke.
„He! Das ist hell“, mault das Mädchen.
„Genau. Darum heißt es jetzt auch: Raus aus den Federn“, ruft Wilma. Sie nimmt Sabine die Bettdecke weg, trägt sie zum Fenster und schüttelt sie kräftig aus.
(beide Hände vor dem Körper in der Luft schütteln)

Wilma hängt die Bettdecke über das Fenstersims zum Lüften. Den Protest von Sabine überhört sie einfach. Dann geht Wilma mit großen Schritten in Richtung Küche.
„Beeil dich“, ruft Wilma ihrer Tochter noch über die Schulter zu.
(über die rechte Schulter nach hinten blicken)

„Jetzt schnell das Frühstück vorbereiten“, murmelt sie.
Wilma bückt sich, um einen Topf für das Wasser aus dem Schrank zu holen.
(den Oberkörper nach unten beugen und wieder hochkommen)

Als der Topf auf dem Herd steht, nimmt Wilma Schneidebrett und Messer und holt das Brot aus dem Brotkorb. Sie schneidet drei Scheiben ab und nimmt die Butterdose aus dem Kühlschrank. Dann schmiert sie die Brote.
(eine Hand – wie beim Brotschmieren – hin- und herbewegen)

„Wilma! Ich kann meine blaue Arbeitshose nicht finden!“, hört sie plötzlich ihren Mann im Schlafzimmer rufen.
„Auch das noch“, stöhnt Wilma.
Sie schüttelt den Kopf und fasst sich an die Stirn.
(den Kopf schütteln und an die Stirn fassen)

Wilma legt das Messer weg und läuft ins Schlafzimmer. Dort schiebt sie ihren Mann beiseite, der vor dem offenen Schrank steht.
(eine imaginäre Person mit beiden Händen zur Seite schieben)

Sie beugt sich tief nach vorne. Mit einer Hand zieht sie einige Kleiderbügel beiseite.
(sich nach vorne beugen und eine Hand in der Luft hin- und herbewegen)

„Hier ist sie“, sagt Wilma und holt eine Hose aus dem Schrank. Sie streift kurz und kräftig über den Stoff und reicht die Hose ihrem Mann.
(mit einer Hand durch die Luft streichen)

„Das Wasser!“, ruft sie auf einmal erschrocken und läuft zurück in die Küche.
Dort kocht das Wasser bereits sprudelnd im Topf. Tropfen zischen auf der Herdplatte. Mit einer schnellen Bewegung zieht Wilma den Topf zur Seite und dreht die Herdplatte ab.
(mit einer Hand Drehbewegung in der Luft machen)

Wilma streckt sich nach oben, um die Kaffeekanne aus dem Schrank zu holen.
(beide Arme weit nach oben strecken)

Sie setzt den Filter auf die Kanne. Danach holt sie die Kaffeedose und löffelt Pulver in den Filter. Dabei zählt sie mit: „Eins, zwei, drei, vier, fünf."
(mit den Fingern nacheinander bis fünf zählen)

Egon und Sabine sind immer noch nicht da.
„Wo bleibt ihr denn?", ruft Wilma.
Sie gießt mit heißem Wasser den Kaffee auf. Danach holt sie drei Teller aus dem Schrank und verteilt sie auf dem Küchentisch.
(die Hand 3-mal nach vorne bewegen, als würde man etwas abstellen)

Der Kaffee ist durchgelaufen. Wilma gießt sich selbst eine Tasse ein. Dann füllt sie noch eine Tasse für Egon.
(mit einer Hand eine Eingieß-Bewegung machen)

Wilma lehnt sich gegen die Küchenzeile und nippt an ihrer Kaffeetasse.
„Heiß", ruft sie und stellt schnell die Tasse ab.
Sie presst die Lippen zusammen und wedelt mit der Hand vor ihrem Mund herum.
(die Lippen zusammenpressen und mit der Hand vor dem Mund wedeln)

Endlich kommt auch Egon in die Küche. Er schnappt sich ein Brot vom Brett. Ohne sich hinzusetzen, schlingt er sein Frühstück hinunter. Dabei sieht er immer wieder auf seine Armbanduhr.
(das Handgelenk vor dem Gesicht hin- und herdrehen)

Schließlich kommt auch Sabine angeschlurft. Ihre Locken stehen ihr wild vom Kopf ab.
„Du bist ja noch nicht einmal angezogen. Und gekämmt bist du auch nicht“, schimpft Wilma los.
Sabine sieht ihre Mutter verständnislos an.
„Das muss ich doch auch nicht“, meint Sabine und gähnt.
„Doch. Wir haben verschlafen. Du musst zur Schule“, ruft Wilma ärgerlich und stemmt ihre Arme in die Seiten.
(die Arme in die Seiten stemmen)

Sabine schüttelt den Kopf.
„Seit wann muss ich am Sonntag zur Schule?“, fragt sie.
Wilma reißt die Augen auf.
„Sonntag?“, flüstert sie.
Sabine nickt und deutet zum Kalender, der neben der Küchentür hängt.
Wilma stöhnt. Das ist ihr ja noch nie passiert.

Gerda, willst du mich heiraten?

Heute ist es so weit! Werner wird seiner Gerda einen Heiratsantrag machen. Das hat er sich fest vorgenommen.
Einen Ring hat er für Gerda natürlich auch. Werner hält den Ring zwischen Daumen und Zeigefinger und betrachtet ihn stolz.
(Daumen und Zeigefinger zusammenlegen und die Hand hochhalten)

Schon seit beinahe zwei Jahren sind Gerda und Werner nun ein Paar. Für den Heiratsantrag hat Werner sich extra fein gemacht: Er trägt ein frisch gebügeltes Hemd und eine Krawatte. Das ist für ihn ganz ungewohnt. Darum zieht Werner immer wieder an dem Binder und fährt sich mit einem Finger unter den Kragen.
(eine Hand an den Hals legen, dann mit einem Finger unter den Kragen fahren)

Werner macht sich auf den Weg zu seiner Gerda. Sie wohnt nur zwei Straßen weiter. Bei der Gärtnerei um die Ecke holt er noch einen Blumenstrauß. Der ist so groß, dass Werner beide Arme braucht, um ihn zu halten.
(mit beiden Armen einen großen Bogen vor dem Körper machen)

Als Werner vor Gerdas Haustür steht, nimmt er den Ellbogen, um auf die Klingel zu drücken. Er braucht gleich zwei Versuche, dann klappt es.
(erst den einen, dann den anderen Ellbogen nach vorne schieben)

Da wird die Tür geöffnet. Hermine aus dem vierten Stock kommt nach draußen.
„Ja, der Werner! Willst du zu Gerda?", fragt sie.
Werner nickt und schiebt sich an Hermine vorbei in den Hausflur.
(nicken und die Hüfte hin und her drehen)

Den Blumenstrauß im Arm steigt Werner hoch in den zweiten Stock.
Dort wartet Gerda schon an der offenen Wohnungstür.
Als sie Werner in feinem Zwirn und mit den Blumen erblickt, legt sie eine Hand vor den Mund.
(eine Hand vor den Mund legen)

„Sind die für mich?", fragt Gerda.
„Natürlich", lacht Werner und überreicht seiner Liebsten den Strauß.
Gerda geht mit den Blumen in die Küche.
„Sind die schön! Die brauchen gleich Wasser", hört Werner sie sagen.
Als er in die Küche nachkommt, sieht er, wie Gerda gerade den Wasserhahn aufdreht.
(die rechte Hand in der Luft hin- und herdrehen)

„Hab ich an den Ring gedacht?", durchfährt Werner plötzlich ein Gedanke. Heimlich tastet er die Innentaschen seines Sakkos ab.
Ah, er ist da!
(erst auf die linke, dann auf die rechte Brust klopfen)

„Ob Gerda etwas ahnt?“, überlegt Werner.
Als die Blumen im Wasser stehen, dreht Gerda sich zu Werner um. Sie wischt sich ihre Hände am Rock trocken und sieht ihn erwartungsvoll an.
(die Hände rechts und links über die Oberschenkel reiben)

Werner räuspert sich. Er schüttelt kurz seine Arme aus.
Dann strafft er die Schultern.
(die Arme ausschütteln und die Schultern nach hinten ziehen)

„Liebste Gerda“, beginnt er, zu sprechen.
Da klingelt es an der Tür.
„Moment“, meint Gerda und hebt ihre Hand.
(rechte Hand mit ausgestreckter Handfläche nach vorne halten)

Werner sieht ihr nach, wie sie aus der Küche eilt. Er hört, wie die Wohnungstür geöffnet wird. Wenig später ist Gerda zurück. Aber sie ist nicht allein. Hinter ihr betritt Hermine die Küche und winkt Werner zu.
(winken)

„Ich hoffe, ich störe nicht“, säuselt Hermine und zwinkert.
„Ich wollte Gerda nur schnell meinen neuen Sommermantel zeigen“, fügt sie an.
Hermine legt ihre Hände an die Hüften und dreht sich im Kreis herum.
(die Hände an die Hüften legen und im Kreis drehen oder im Sitzen die Hüften hin- und herdrehen)

„War's das?", brummt Werner. Er legt den Kopf schief und lässt die Schultern hängen.
(den Kopf schief legen und die Schultern nach unten fallen lassen)

„Na, so was? Sag doch, wenn ich nicht erwünscht bin!", fährt Hermine ihn an.
Werner reibt sich den Nacken und schüttelt den Kopf.
(mit einer Hand den Nacken reiben und den Kopf schütteln)

„Also, dann geh ich mal. Ich finde alleine raus", sagt Hermine schmallippig.
Sie verabschiedet sich von Gerda und wendet sich zum Gehen.
Kaum ist sie aus der Tür, sieht Werner Gerda in die Augen und breitet seine Arme aus.
(die Arme weit zur Seite strecken)

„Meine liebe Gerda", beginnt er von Neuem.
„Moment", hört er Hermine sagen.
Im nächsten Augenblick steht sie wieder in der Küche.
„Ich wollte dir ja noch etwas geben", meint Hermine und wirft Gerda einen Blick zu.
Sie stellt ihre Handtasche auf den Küchentisch und wühlt darin herum.
(mit beiden Händen in der Luft wühlen)

Werner stöhnt auf.
„Ich hab's ja gleich", zischt Hermine.
Dann zieht sie einen Zettel aus ihrer Tasche und wedelt damit triumphierend in der Luft.
(eine Hand in der Luft hin- und herschwenken)

„Das ist der Reklamezettel vom ‚Modehaus Aigner'", sagt Hermine an Gerda gewandt.
Werner reißt ihr mit spitzen Fingern den Zettel aus der Hand und gibt ihn in an Gerda weiter.
(Daumen und Zeigefinger zusammenlegen und die Hand nach oben ziehen)

„Pah!", ruft Hermine empört.
Sie hängt sich ihre Handtasche über die Schulter und stapft aus der Küche.
(mit einer Hand über die Schulter streichen und mit den Füßen auf der Stelle treten)

„Gerda, ich möchte dich fragen …", setzt Werner erneut an.
Aber wieder wird er unterbrochen. Hermine steckt ihren Kopf durch den Türspalt.
„Was ich noch sagen wollte …", beginnt sie.
Aber Werner lässt sie nicht zu Wort kommen. Er greift mit beiden Händen nach Gerdas Hand.
(die Hände aufeinanderlegen, als würde man eine andere Hand damit umschließen)

„Gerda …“, fängt er an.
Dann blickt er sich über die Schulter.
Dort steht immer noch Hermine.
(über die Schulter blicken)

Aber das ist Werner jetzt egal.
„Gerda“, fängt er noch einmal an. „Willst du mich heiraten?“
Gerda macht ihre Hand los und legt beide Hände an ihre Wangen.
(die Hände rechts und links an die Wangen legen)

„Ja! Ja, ich will!“, haucht Gerda.
Werner strahlt.
„Das ist ja romantisch!“, hört er Hermine sagen.
Sie klatscht hinter seinem Rücken begeistert in die Hände.
(in die Hände klatschen)

„Aber sag mal, Werner, wäre es nicht besser gewesen, den Antrag zu machen, wenn ihr ungestört seid? Also, ich will ja nichts sagen. Ich meine nur …“, fügt sie an.
Werner stöhnt. Aber dann schenkt er Hermine keine weitere Beachtung mehr. Er ist viel zu beschäftigt, Gerda fest in den Arm zu nehmen.
(die Arme um den Oberkörper schlingen)

Martha nimmt nur das Nötigste mit

Übermorgen soll es losgehen! Martha und Heinrich fahren in den Urlaub. Mit dem Auto geht es nach Italien. Heute wird gepackt.
„Was nehme ich bloß mit?", überlegt Martha.
Sie steht im Schlafzimmer und öffnet die Schranktür.
(die Hände vor dem Körper zusammenlegen, dann beide Arme weit zur Seite ziehen)

Martha nimmt den Inhalt ihres Schranks genau unter die Lupe. Sie lässt ihren Blick von oben nach unten, von rechts nach links wandern.
(den Kopf nach oben, nach unten, nach rechts und nach links bewegen)

„Etwas Leichtes muss auf alle Fälle mit", murmelt Martha.
Sie greift nach einer Bluse, die auf einem Bügel an der Kleiderstange hängt.
(den Arm vorstrecken und wieder zurückziehen)

Martha zieht die Bluse vom Kleiderbügel. Sie hält sie mit ausgestreckten Armen vor sich und begutachtet das gute Stück.
(beide Arme nach vorne strecken)

„Die ist ja ganz verknittert!", ruft Martha.
Sie schüttelt erst die Bluse aus. Dann schüttelt sie den Kopf.
(die Arme vor dem Körper ausschütteln, dann den Kopf schütteln)

Neben dem Kleiderschrank lehnt das Bügelbrett. Martha klappt es auf. Dann bückt sie sich und holt das Bügeleisen aus der unteren Schrankschublade.
(den Oberkörper nach unten beugen)

Sie steckt das Bügeleisen an und legt die Bluse auf das Bügelbrett. Während Martha wartet, bis das Eisen heiß ist, streift sie die Bluse glatt.
(mit beiden Händen über den Tisch oder die Oberschenkel streichen)

Eine Minute später hebt Martha das Bügeleisen an. Sie befeuchtet einen Finger und tippt auf das Eisen. Es zischt.
„Ah, jetzt ist es heiß genug", stellt Martha fest.
Sie stellt das Bügeleisen auf die Bluse und fährt damit hin und her.
(mit einer Hand auf dem Tisch oder den Oberschenkeln vor- und zurückfahren)

Jetzt ist Martha zufrieden. Sie steckt das Bügeleisen wieder aus. Martha zieht die Bluse wieder auf den Bügel und hängt sie an die Seite des Schranks.
„Was packe ich noch alles mit ein?", überlegt sie.
Martha stellt sich auf Zehenspitzen und zieht einen Stapel Oberteile aus dem Schrank.
(mit beiden Füßen auf die Zehenspitzen rollen)

Den Kleiderstapel legt sie auf das Bett. Danach holt sie Röcke und Hosen aus dem Schrank und legt sie daneben.
„Am besten packe ich alles gleich in den Koffer", überlegt Martha. Sie legt die Hände rechts und links neben den Mund und ruft: „Heinrich, hol mal die Koffer aus dem Keller!"
(die Hände rechts und links an den Mund legen)

Es rumpelt im Flur. Heinrich ist also schon unterwegs. Martha nickt zufrieden. Während sie wartet, trommelt sie mit den Fingern auf das Bügelbrett.
(mit den Fingern auf den Tisch oder die Oberschenkel trommeln)

Endlich kommt Heinrich. Er hat gleich vier Koffer dabei. Die stellt er neben das Bett.
„Ich wusste nicht, welchen ich nehmen soll", erklärt er seiner Frau und reibt sich die Hände.
(die Hände aneinanderreiben)

„Das ist schon in Ordnung", meint Martha.
Dann hält sie Heinrich ein Hemd hin.
„Probier das mal an. Ich hoffe, es passt noch", fordert sie ihn auf.
„Ausgerechnet jetzt?", brummt Heinrich. „Ich lese doch gerade den Sportteil. Muss das sein?"
„Ja, das muss", sagt Martha streng und schwenkt das Hemd vor Heinrichs Nase.
(mit einer Hand in der Luft wedeln)

Heinrich seufzt. Aber er weiß, dass Widerspruch zwecklos ist. Darum schlüpft er schnell aus seinem Pullover und zieht sich das Hemd an.
(mit beiden Armen in die Ärmel eines imaginären Hemdes schlüpfen)

Heinrich zieht das Hemd vorne zusammen. Er fingert umständlich an den Knöpfen herum.
„Lass mich das machen", lacht Martha.
Mit flinken Fingern knöpft sie Heinrich das Hemd zu.
(die Finger beider Hände vor dem Körper aneinandertippen)

„Du hast ja ziemlich zugelegt!", staunt Martha.
„Letzten Sommer hat das Hemd noch einwandfrei gepasst.
Schau nur, wie es jetzt über deinen Bauch spannt."
„Ach was", meint Heinrich und klopft sich auf den Bauch.
(mit einer Hand auf den Bauch klopfen)

„Kann ich jetzt wieder gehen?", fragt Heinrich hoffnungsvoll.
„Ich stehe dir beim Kofferpacken doch sowieso nur im Weg."
Martha grinst. Da hat ihr Mann ausnahmsweise recht. Sie nickt und wedelt mit der Hand in der Luft.
(nicken und mit einer Hand in der Luft wedeln)

Als Heinrich das Schlafzimmer verlassen hat, hebt Martha den ersten Koffer aufs Bett. Sie faltet Blusen zusammen und legt sie hinein.
(die Hände immer wieder aufeinanderlegen)

Danach kommen die Hosen und Röcke. Schließlich ist der Koffer randvoll. Martha holt den nächsten Koffer. Auch der ist ruckzuck gefüllt. Und auch der dritte und vierte Koffer ist bald vollgepackt. Martha versucht, die Deckel zu schließen. Sie drückt den ersten Koffer mit aller Kraft zu.
(die Hände von oben nach unten drücken)

Aber es will ihr einfach nicht gelingen, den Koffer zuzumachen.
„Heinrich, komm mal. Du musst mir helfen!“, ruft sie.
Schritte schlurfen über den Flur. Dann steckt Heinrich den Kopf durch die Schlafzimmertür. Und im gleichen Augenblick schlägt er die Hände über dem Kopf zusammen.
(die Hände über dem Kopf zusammenschlagen)

„Sag mal, was hast du denn da alles eingepackt? Willst du auswandern?“, fragt Heinrich.
Martha schüttelt den Kopf und malt mit den Schuhspitzen verlegen Kreise auf den Boden.
(mit den Füßen Kreise auf den Boden malen)

„Wieso?“. fragt sie mit unschuldiger Miene.
„Ich habe wirklich nur das Nötigste eingepackt.“
„Aber ... aber“, Heinrich deutet mit der Hand auf die vier randvoll gefüllten Koffer.
(mit einer Hand nach vorne zeigen)

„Das ganze Gepäck bekommen wir doch niemals im Auto unter“, meint er.
Martha zuckt mit den Schultern.
(mit den Schultern zucken)

„Du musst wieder etwas auspacken. Die Sachen müssen in zwei Koffern Platz haben“, fordert Heinrich seine Frau auf und stellt sich kopfschüttelnd neben das Bett.
(den Kopf schütteln)

„Ich weiß aber gar nicht, auf was ich verzichten könnte“, gibt Martha kleinlaut zu.
„Dann nimm eben Sachen von mir aus den Koffern. Ich brauche nicht so viel“, schlägt Heinrich vor.
Martha grinst schief.
„Um ehrlich zu sein: Deine Sachen habe ich noch gar nicht eingepackt.“
Heinrich sieht seine Frau mit großen Augen an. Dann fängt er schallend an zu lachen.

Der Sieger auf dem Trimm-dich-Pfad

Im Wald zwischen Oberstadt und Neudorf hat ein neuer Trimm-dich-Pfad eröffnet. Oberstadt und Neudorf sind seit Generationen spinnefeind. Deshalb will auch jede Gemeinde die bessere sein. Heute findet ein Wettkampf auf dem Trimm-dich-Pfad statt. Wer durchläuft am schnellsten den Parcours und wird am Ende noch zehn Klimmzüge schaffen?
(die Arme abgewinkelt nach oben halten, die Arme nach unten ziehen und den Oberkörper dabei hochstrecken)

„Der Sieger gewinnt für seine Gemeinde dieses Fass Bier!", ruft Oberstadts Bürgermeister Müller durch sein Megafon.
Er deutet auf das Fass im Leiterwagen. Der Wagen steht an einer Böschung und wird vom Kollegen Paulsen aus Neudorf festgehalten. Bürgermeister Paulsen nickt zustimmend und hält seine Trillerpfeife nach oben.
(eine Hand nach oben strecken)

„Für unser schönes Neudorf tritt Theo an!", schreit Paulsen dann.
„Und für Oberstadt startet Erwin!", brüllt Müller in das Megafon.
Die Zuschauer reißen jubelnd ihre Arme hoch.
(die Arme hochstrecken)

„Los, Theo! Zeig den Oberstädtern, wie man das macht!", schreit einer aus dem Publikum.
Theo nickt grinsend. Dann stemmt er seine Hände in die Seiten und dehnt sich.
(die Hände an die Hüften legen und den Oberkörper nach rechts und links dehnen)

Erwin wirft seinem Kontrahenten einen kurzen Blick zu. Er bindet das Gummiband seiner Trainingshose fest.
„Was machst du denn da? Willst du zu den Olympischen Spielen, oder was?", raunt er Theo dabei zu.
Dann lässt er locker seine Arme neben dem Körper schwingen.
(die Arme neben dem Körper vor- und zurückschwingen)

„Ich wärme mich auf. Aber das kennt ihr Oberstädter wohl nicht", zischt Theo zurück.
Erwin lacht und schwingt seine Beine vor und zurück.
(die Beine nacheinander anheben und vor- und zurückschwingen)

„Bereit?", ruft Bürgermeister Müller in sein Megafon.
Theo und Erwin nicken. Beide nehmen die Startposition ein.
Bürgermeister Paulsen gibt mit seiner Trillerpfeife einen lauten Pfiff ab. Die Sportler laufen los. An der ersten Station stehen mehrere Barren aus Holz. Beide greifen an die Holme und hangeln sich nach vorne.
(die Arme auf der Sitzfläche des Stuhls abstützen und den Oberkörper nach oben drücken)

Erwin ist etwas schneller. Er rennt bereits zur nächsten Station, als Theo am Ende seiner Barren angelangt ist. Aber Theo holt schnell wieder auf. Die Zuschauer feuern beide mit lauten Rufen und Klatschen an.
(in die Hände klatschen)

An der nächsten Station liegen dicke Holzstämme als Hürden. Erwin hebt seine Beine weit nach oben und sprintet über die Hindernisse.
(die Beine abwechselnd anheben)

Theo ist ihm dicht auf den Fersen.
„Die Neudorfer waren immer schon langsame Schnecken!", ruft einer der Zuschauer.
Andere protestieren. Jetzt ist auch Theo bei den Holzhürden angekommen und kommt Erwin immer näher. Nach einem kurzen Dauerlauf kommen die beiden bei aufgestellten Holzstämmen an. Hier heißt es „Bockspringen". Erwin überspringt jeden Stamm wie ein Hase.
(die Hände vorne zwischen den Beinen flach auf den Stuhl legen und den Oberkörper nach oben drücken)

Doch was ist das? Kurz vor der nächsten Station sind Theo und Erwin auf gleicher Höhe. Theo setzt zum Überholen an. Doch dann bremsen beide ab. Ein Schild erklärt, dass hier zehn Kniebeugen gefordert sind. Erwin und Theo beginnen gleichzeitig, mit ausgestreckten Armen immer wieder in die Hocke zu gehen. Das Publikum zählt mit: „Eins, zwei, drei, vier ..."
(sich hinter den Stuhl stellen und die Lehne mit beiden Händen festhalten, dann 10-mal leicht die Knie beugen)

Diesmal ist Theo schneller. Er läuft zur nächsten Station. Hier ragen Holzstangen aus dem Boden. Im Slalom läuft Theo daran vorbei.
(den Oberkörper einige Male nach rechts und links drehen)

Geschafft! Erwin keucht hinter Theo her. Gleich ist der Trimm-dich-Pfad zu Ende. Die beiden Sportler nähern sich der letzten Station. Dort gibt es zwei Stangen, an denen sie Klimmzüge machen müssen. Theo greift schon nach der ersten Stange.
„Zehn Stück", schnauft er und beginnt, sich hochzuziehen.
(die Arme abgewinkelt nach oben halten, die Arme nach unten ziehen und den Oberkörper dabei hochstrecken)

„Erwin, leg einen Zahn zu!", feuert ein Oberstädter seinen Helden an. Erwin legt die Hände an die andere Stange. Mit letzter Kraft beginnt er mit den Klimmzügen.
(die Arme abgewinkelt nach oben halten, die Arme nach unten ziehen und den Oberkörper dabei hochstrecken)

Beide Bürgermeister stehen jetzt neben den Stangen und feuern ihre Vertreter an. Plötzlich knirscht etwas. Das Geräusch wird vom Jubel der Zuschauer beinahe verschluckt. Doch Erwin hat es gehört. Aus den Augenwinkeln sieht er, wo das Geräusch herkommt. Er lässt die Stange los und sieht sich um.
(den Kopf nach hinten drehen)

„Schaut mal, der Oberstädter gibt auf!", ruft jemand.
Aber Erwin lässt sich nicht beirren. Er rennt los. Verdutzt sehen die Zuschauer ihm nach. Erwin spurtet auf den Leiterwagen zu. Der rollt mitsamt dem Bierfass langsam die Böschung nach unten. Endlich haben es auch einige Zuschauer bemerkt.
„Das Bier!", schreit jetzt jemand.
Kurz bevor das Fass aus dem rollenden Leiterwagen kippt, bekommt Erwin es zu fassen. Er hält es mit ausgebreiteten Armen fest.
(mit beiden Armen einen großen Bogen vor dem Körper machen)

Währenddessen macht Theo gerade seinen letzten Klimmzug.
(die Arme abgewinkelt nach oben halten, die Arme nach unten ziehen und den Oberkörper dabei hochstrecken)

„Zehn!", brüllt Bürgermeister Paulsen.
Er reißt die Arme nach oben.
(die Arme ausgestreckt nach oben heben)

„Gewonnen! Neudorf hat gewonnen!", ruft er und einige Zuschauer stimmen mit ein.
„Halt!", versucht Erwin, die Jubelrufe zu übertönen.
Nach und nach drehen sich die Leute zu ihm um.
„Ich hab nur nicht gewonnen, weil ich das Sieger-Bierfass gerettet habe!", ruft er und stemmt das Fass wie eine Trophäe hoch über seinen Kopf.
(beide Hände über den Kopf heben)

„Das stimmt. Paulsen, dein Leiterwagen ist die Böschung runtergerollt. Wenn Erwin nicht gewesen wäre, wäre das Fass jetzt futsch“, ruft ein Zuschauer.
Bürgermeister Paulsen macht große Augen.
„Also ist der eigentliche Sieger Oberstadt“, stellt Bürgermeister Müller trocken fest und klopft Erwin auf die Schulter.
(mit der rechten Hand auf die linke Schulter klopfen)

„Wie wäre es mit einem Unentschieden?“, schlägt einer der Zuschauer vor.
Beide Bürgermeister zucken mit den Schultern.
(mit den Schultern zucken)

„Na, gut. Für heute ist es unentschieden. Wir teilen das Bier.
Aber beim nächsten Mal gewinnt bestimmt …“, setzt Bürgermeister Paulsen an.
„Neudorf!“ und „Oberstadt!“ brüllen die Zuschauer durcheinander.
„Ruhe!“, schreit Erwin.
„Jetzt gibt es erst einmal Siegerbier für alle!“

Kapitel 2

Bewegungsgeschichten mit Material

Die folgenden Bewegungsgeschichten mit Material beinhalten Bewegungen mit passenden Alltagsgegenständen zu einzelnen Textabschnitten. Vor jeder Geschichte werden die Gegenstände angegeben, die die Teilnehmenden benötigen. Die Geschichten sind so aufgebaut, dass Sie als Vorleser*in die Bewegungen während des Lesens vormachen und Ihre Teilnehmenden diese dann nachmachen können. Die jeweiligen Bewegungsimpulse finden Sie, farblich hervorgehoben, in Klammern unter dem jeweiligen Textabschnitt.

So ein Antrag ist doch schnell gestellt!

Für die folgende Bewegungsgeschichte brauchen Sie für alle Teilnehmenden dieses Material:

➔ jeweils 1 Kugelschreiber mit Druckknopf

Bernhard ist Beamter. Er arbeitet in der Stadtverwaltung, genauer gesagt: im Baureferat. Auf seinem Schreibtisch landen alle Bauanträge der Bürger dieser schönen Stadt. Gerade sitzt Herr Schneider auf der anderen Seite von Bernhards Schreibtisch.
Das Antragsformular für einen Neubau liegt schon bereit.
„Moment. Ich brauche noch einige Angaben", sagt Bernhard und holt einen Kugelschreiber aus der untersten Schreibtischschublade.
(sich mit dem Kugelschreiber bücken und wieder hochkommen)

„Ihr vollständiger Name?", will Bernhard wissen und klickt den Kugelschreiber an und aus.
(den Druckknopf am Kugelschreiber hoch und runter drücken)

„Schneider. Horst Schneider", antwortet der Mann.
Bernhard setzt seinen Stift auf das Formular in der richtigen Zeile an und will den Namen eintragen. Er macht einen ersten Schwung für das „S" von Schneider.
(mit dem Kugelschreiber ein „S" in der Luft malen)

„Na, so was? Der schreibt ja gar nicht!", ruft Bernhard.
Er hält den Kugelschreiber hoch und schüttelt ihn kräftig.
(den Kugelschreiber in der Luft schütteln)

Dann setzt er erneut an, um den Namen einzutragen. Aber wieder bleibt sein Versuch ohne Erfolg. Bernhard hebt den Kugelschreiber zum Mund und haucht die Mine an.
(den Kugelschreiber zum Mund heben und anhauchen)

Wieder beginnt Bernhard mit dem „S“. Und wieder ist auf dem Formular nichts zu sehen. Er versucht es noch mal und noch mal.
(mit dem Kugelschreiber mehrere „S“ in die Luft malen)

Herr Schneider räuspert sich.
„Haben Sie denn keinen anderen Kugelschreiber? Ich meine, einen, der funktioniert?“, fragt er vorsichtig nach.
Bernhard mag keine Besserwisserei. Er trommelt mit seinem defekten Kugelschreiber anklagend auf die Tischplatte.
(mit dem Kugelschreiber auf den Tisch oder die Oberschenkel klopfen)

Dann legt er den Stift mit Nachdruck beiseite.
(den Kugelschreiber fest auf dem Tisch oder den Oberschenkeln ablegen)

Bernhard bückt sich erneut, um einen anderen Stift in seiner unteren Schreibtischschublade zu suchen.
„Ah, da ist ja noch einer“, murmelt er beim Hochkommen.
(sich mit dem Kugelschreiber bücken und wieder hochkommen)

Mit dem neuen Kugelschreiber deutet er auf Herrn Schneider.
(mit dem Kugelschreiber nach vorne deuten)

„Noch einmal von vorne. Ihren Namen, bitte", sagt er und beugt sich tief über das Formular.
„Wie ich schon sagte: Schneider. Horst Schneider", antwortet der Antragsteller.
Bernhard will die Mine des neuen Kugelschreibers herausdrücken. Doch so sehr er auch auf das Knöpfchen drückt:
Die Mine bewegt sich nicht!
(den Druckknopf am Kugelschreiber hoch und runter drücken)

„Verflixt und zugenäht", poltert Bernhard.
Er springt von seinem Schreibtischstuhl auf und fuchtelt mit dem Kugelschreiber in der Luft herum.
(den Kugelschreiber in der Luft schwenken)

„Ich werde mir bei einem Kollegen einen funktionstüchtigen Stift besorgen", informiert Bernhard den verdutzten Herrn Schneider und eilt aus seinem Büro. Den kaputten Kugelschreiber hat er sich hinters Ohr geklemmt.
(den Kugelschreiber hinter ein Ohr klemmen)

Bernhard geht den Flur der Verwaltungsetage entlang. Bei dem griesgrämigen Wagenbauer wird er nicht klopfen. Lieber bei Fräulein Grönlein. Er bleibt vor der dritten Tür auf der rechten Seite stehen, zieht den Kugelschreiber hinter dem Ohr hervor und klopft damit an die Tür.
(mit dem Kugelschreiber auf den Tisch oder Oberschenkel klopfen)

Als Bernhard ein „Herein!“ vernimmt, öffnet er die Tür.
„Wertes Fräulein Grönlein, können Sie mir vielleicht mit einem Kugelschreiber aushelfen?“, fragt er und winkt mit dem Stift in der Luft.
(den Kugelschreiber in der Luft schwenken)

Fräulein Grönlein blickt von ihrer Arbeit auf. Sie mustert Bernhard kurz und schüttelt dann bedauernd den Kopf.
„Ich habe selbst nur zwei Schreiber, die gehen. Da kann ich keinen an Sie abtreten“, meint sie.
Dabei lässt sie ihren eigenen Kugelschreiber von einer Hand in die andere wandern.
(den Kugelschreiber von einer Hand in die andere und wieder zurück wandern lassen)

Bernhard winkt Fräulein Grönlein mit dem Kugelschreiber zu und schließt ihre Bürotür.
(den Kugelschreiber zwischen Daumen und Zeigefinger drehen)

Wen könnte er noch um einen Stift bitten? Bernhard überlegt und lässt dabei den Kugelschreiber in seiner Hand kreisen.
(den Kugelschreiber in der Hand kreisen lassen)

Da hört er plötzlich ein Rattern. Das muss Peter sein, der mit seinem Wägelchen die Amtspost verteilt! Bernhard hat eine Idee. Er weiß, dass Peter es mit seinen Schreibstiften sehr genau nimmt. Was Bernhard gut verstehen kann. Denn er ist genauso pingelig, wenn es um sein Arbeitsmaterial geht.

Und auch sonst nimmt er es ganz genau. Aber jetzt wird Bernhard seine Korrektheit für einen Augenblick beiseitelassen.
Er versteckt sich hinter einem Wandvorsprung und wartet.
Nervös rollt er den Kugelschreiber zwischen den Fingern hin und her.
(den Kugelschreiber zwischen den Fingern rollen)

Bernhard linst hinter der Wand hervor. Er sieht, wie Peter den Postwagen abstellt, nach ein paar Umschlägen greift und ein Büro betritt. Bernhard schleicht sich an den Wagen heran. Da! Drei Kugelschreiber liegen neben der Kiste mit der Post. Schnell greift Bernhard nach einem der Stifte und lässt ihn schnell in seiner Hosentasche verschwinden.
(den Kugelschreiber in die Hosentasche oder unter den Oberschenkel schieben)

Hastig eilt Bernhard mit seiner Beute zurück in sein Büro.
Als er den Raum betritt, stutzt er.
„Herr Schneider?“, fragt er überflüssigerweise.
Doch er bekommt keine Antwort. Der Stuhl vor seinem Schreibtisch ist leer. Bernhard runzelt die Stirn. Dann hört er, wie sich die Nebentür öffnet. Bernhard tritt in den Flur und holt dabei den geklauten Kugelschreiber aus seiner Hosentasche.
(den Kugelschreiber nehmen und in die Luft halten)

Bernhard sieht, wie Herr Schneider aus dem Büro des Kollegen Wagenbauer kommt. Bevor er dessen Bürotür schließt, dreht sich Schneider noch einmal herum.

„Vielen Dank, dass es bei Ihnen so schnell und unkompliziert ging", hört Bernhard Herrn Schneider sagen.
Bernhard tippt sich mit dem Kugelschreiber an die Wange.
(mit dem Kugelschreiber an die Wange tippen)

Herr Schneider geht an Bernhard vorbei und nickt ihm zu. Als der Mann um die Ecke verschwunden ist, trottet Bernhard in sein Büro und lässt sich auf seinen Stuhl hinter dem Schreibtisch fallen.
„Da hätte ich mir die ganze Sache mit dem Kugelschreiber auch sparen können", murmelt er und lässt den Stift auf dem Schreibtisch kreisen.
(den Kugelschreiber auf dem Tisch oder dem Oberschenkel kreisen lassen)

Dann nimmt er den Kugelschreiber und setzt unter das noch leere Formular, das noch immer auf seinem Schreibtisch liegt, seine Unterschrift. Einfach der Form halber.
(mit dem Kugelschreiber in der Luft eine Unterschrift machen)

Post für Paul

Für die folgende Bewegungsgeschichte brauchen Sie für alle Teilnehmenden dieses Material:

➔ jeweils 1 Briefumschlag und 1 Blatt Papier, das im Umschlag steckt

Wie jeden Morgen führt Pauls erster Weg zum Briefkasten. Erst holt er die Zeitung aus dem Rohr. Dann sperrt er mit dem kleinen Schlüssel die Klappe des Kästchens auf. Eigentlich bekommt er nie Post. Aber heute fällt ihm ein Umschlag entgegen.
„Wer schreibt mir denn da?", murmelt Paul und wendet den Brief hin und her.
(den Umschlag umdrehen und wieder zurückdrehen)

Paul kann auf den ersten Blick keinen Absender erkennen. Er klemmt sich den Brief gemeinsam mit der Zeitung unter den Arm und geht zurück in seine Wohnung.
(den Umschlag unter den Arm klemmen)

Paul legt Brief und Zeitung auf den Tisch.
(den Umschlag unter dem Arm herausziehen und auf den Tisch oder die Oberschenkel legen)

Dann setzt er sich und schenkt sich eine Tasse Kaffee ein. Normalerweise würde er jetzt die Zeitung aufschlagen. Aber dazu ist Paul viel zu neugierig. Er greift nach dem Umschlag und schiebt ihn auf dem Tisch hin und her.
(den Umschlag auf dem Tisch oder den Oberschenkeln hin und her schieben)

„Von wem mag der Brief wohl sein?“, überlegt Paul erneut.
Er dreht den Umschlag herum und zieht ihn zuerst ganz nah ans Gesicht. Dann hält er den Brief mit ausgestreckten Armen weit von sich weg.
(den Umschlag mit beiden Händen nehmen und erst nah ans Gesicht ziehen, dann mit ausgestreckten Armen vom Körper weghalten)

Auf der Rückseite des Umschlags entdeckt er plötzlich ganz klein eine Adresse.
„Von Tante Adelheid“, ruft Paul und lässt den Umschlag sinken.
(den Umschlag mit beiden Händen auf den Tisch oder die Oberschenkel legen)

„Was die wohl will?“, rätselt Paul.
Adelheid ist Pauls einzige Tante. Als er sie das letzte Mal gesehen hat, gab es eine Meinungsverschiedenheit. Damit möchte Paul sich jetzt am frühen Morgen nicht beschäftigen! Er greift nach dem Umschlag und legt ihn ganz oben auf den Küchenschrank.
(den Umschlag in die Hand nehmen und den Arm weit nach oben strecken)

Paul schlürft seinen Kaffee. Doch er denkt ständig an den Brief.
„Hilft ja nichts", meint er und steht auf.
Er streckt sich und angelt den Briefumschlag vom Schrank.
(den Umschlag in die Hand nehmen und den Arm erst weit nach oben strecken, dann nach unten nehmen)

„Was, wenn Tante Adelheid mir in ihrem Brief die Leviten liest?", fragt sich Paul.
Ihm ist plötzlich heiß. Er wedelt sich mit dem Umschlag Luft zu.
(mit dem Umschlag vor dem Gesicht wedeln)

„Zuzutrauen wäre ihr das. Aber das lasse ich mir nicht gefallen!", ruft Paul.
Er legt den Umschlag vor sich auf den Tisch und streicht mit beiden Händen darüber.
(den Umschlag auf den Tisch oder die Oberschenkel legen und mit beiden Händen darüberstreichen)

„Ich werde ihr einfach einen gesalzenen Brief zurückschreiben", grollt Paul.
Er klatscht mit den flachen Händen auf den Umschlag.
(mit den flachen Händen auf den Umschlag klatschen)

Aber dazu muss Paul ja erst einmal wissen, worauf er eine Retourkutsche geben muss. Unentschlossen hebt er den Brief hoch und lässt ihn von einer Hand in die andere wandern.
(den Umschlag hochheben und von einer Hand in die andere und wieder zurück wandern lassen)

In Gedanken formuliert Paul schon einmal seinen Brieftext:
„Tante Adelheid, es reicht! Das lasse ich mir nicht bieten!"
Paul atmet tief ein. Dann öffnet er den Umschlag.
(den Umschlag öffnen)

Er zieht den zusammengefalteten Brief aus dem Kuvert. Den legt er vor sich hin und legt beide Hände darauf.
(das Papier aus dem Umschlag ziehen, auf den Tisch oder die Oberschenkel legen und die Hände flach darauf platzieren)

Er will schon zu lesen beginnen. Doch dann spürt er erneut, wie Ärger in ihm hochsteigt. Paul greift nach dem Brief und knüllt ihn kurzerhand zusammen.
(das Papier mit beiden Händen zusammenknüllen)

Er legt den zusammengeknüllten Brief erst auf den Tisch.
Dann wirft er ihn auf den Boden.
(das zerknüllte Papier auf den Boden werfen)

Paul nimmt einen Schluck Kaffee. Langsam beruhigt er sich wieder. Er weiß immer noch nicht, was Tante Adelheid nun tatsächlich geschrieben hat.
„Das ist ja auch kindisch", stellt Paul fest.
Er bückt sich und holt den zerknüllten Brief wieder hoch.
(sich nach unten beugen und das zerknüllte Papier aufheben)

Paul legt das Papierknäuel vor sich und streift es mit beiden Händen glatt.
(das Papier mit beiden Händen glatt streichen)

„Also gut. Dann wollen wir mal sehen, welche Frechheiten Tante Adelheid so vom Stapel lässt“, murmelt er.
Paul legt einen Zeigefinger unter die erste Zeile und beginnt, zu lesen. Dabei fährt er mit dem Finger an jedem Wort entlang.
(mit dem Zeigefinger Linien auf das Papier zeichnen)

„Lieber Paul“, liest er laut.
„Du bist bestimmt überrascht, heute von mir Post zu bekommen.“
Paul muss eine Pause machen. Er schiebt den Brief auf dem Tisch hin und her.
(das Papier hin und her schieben)

„Vielleicht sollte ich den Brief doch nicht mit leerem Magen lesen“, überlegt er.
Hastig faltet Paul den Brief wieder zusammen und steckt ihn zurück in den Umschlag.
(das Papier falten und wieder in den Umschlag stecken)

Er steht auf und geht zum Brotkasten. Dann dreht er wieder um.
„Nein, jetzt muss ich es wirklich wissen“, sagt Paul mit fester Stimme.
Er holt den Brief wieder aus dem Kuvert und liest weiter.
(das Papier aus dem Umschlag ziehen und mit dem Zeigefinger Linien auf das Papier zeichnen)

Paul überfliegt den Anfang des Briefes. Dann liest er wieder laut: „Du konntest dir Geburtstage noch nie merken. Jedenfalls hast du meinen jedes Jahr vergessen."
Paul knallt den Brief auf den Tisch.
(das Papier auf den Tisch legen und mit der flachen Hand darauf klopfen)

„Ich hab es ja gewusst", presst Paul zwischen den Zähnen hervor. „Nichts als Vorwürfe!"
Dann hält er sich den Brief vors Gesicht und liest weiter.
(das Papier hochheben und vors Gesicht halten)

„Deshalb habe ich beschlossen, dich dieses Jahr an meinen Geburtstag zu erinnern. Er ist nächsten Sonntag. Und es ist ein runder. Deshalb werde ich ihn feiern. Und du bist herzlich eingeladen!"
Paul klappt den Mund auf und lässt den Brief sinken.
(das Papier ablegen)

„Sie lädt mich zu ihrem Geburtstag ein", murmelt Paul und schämt sich ein bisschen.
Aber er hat sich schnell wieder gefangen.
„Irgendwie war Adelheid immer schon meine Lieblingstante", stellt Paul fest. „Auch wenn sie ja meine einzige Tante ist."
Jetzt hat er aber Hunger. Und nach all der Aufregung hat er sich ein deftiges Frühstück auch wirklich verdient.

So ein Aprilwetter!

Für die folgende Bewegungsgeschichte brauchen Sie für alle Teilnehmenden dieses Material:

➔ jeweils 1 Schal oder Tuch

Dietlinde ist heute spät dran. Sie muss ins Büro. Schnell schlüpft sie in den Mantel und greift nach ihrer Handtasche. Im Flur wirft sie noch rasch einen Blick aus dem Fenster. Sie sieht, wie sich die Bäume vor dem Haus im Wind biegen.
„So ein Aprilwetter", murmelt sie.
Dietlinde holt ihren Schal aus der Kommode und schüttelt ihn kurz aus.
(den Schal hochheben und in der Luft schütteln)

Sie legt den Schal um ihren Nacken.
(den Schal um den Nacken legen)

Dann knöpft sie sich den Mantel zu und streicht über den feinen Stoff des Schals.
(mit den Händen rechts und links über den Schal streichen)

„Ob ich vorsichtshalber meinen Regenschirm mitnehmen soll?", überlegt Dietlinde.
Immerhin dauert der Weg zu Fuß zur „Spedition Eichner", in der sie arbeitet, 20 Minuten. Dietlinde greift neben die Kommode. Aber ihre Hand landet im Leeren.
„Oh nein! Ich hab den Schirm ja gestern im Büro stehen lassen", fällt es Dietlinde ein.

Sie seufzt, wickelt sich den Schal ein paar Mal um den Hals und verlässt die Wohnung.
(den Schal um den Hals wickeln)

Draußen bläst ihr ein stürmischer Wind entgegen. Dietlinde legt eine Hand an den Schal, hält in fest und zieht den Kopf ein.
(den Schal mit einer Hand am Hals festhalten und den Kopf einziehen)

So eilt sie hastig die Straße entlang. Kaum biegt sie in die Hauptstraße ein, hat der Wind wieder nachgelassen. Stattdessen taucht die Sonne hinter den Wolken auf. Nach wenigen Metern merkt Dietlinde, wie sie ins Schwitzen gerät. Schnell lockert sie den Schal.
(den Schal abwickeln)

Als sie beim „Kaufhaus Kröner" vorbeikommt, wirft sie einen Blick ins Schaufenster. Dort sieht sie ihr Spiegelbild. Ihre Wangen sind ganz gerötet. Dietlinde nimmt den Schal ab und wedelt sich damit vor dem Gesicht herum.
(den Schal abnehmen und damit vor dem Gesicht wedeln)

Dann wickelt sie sich den Schal um den Arm und geht mit langen Schritten weiter.
(den Schal um den Arm wickeln)

Auf Höhe der großen Kreuzung muss Dietlinde an der Ampel warten. Sie beobachtet die Autos. Ein roter Käfer nähert sich. „Das ist doch Peter!", stellt Dietlinde fest.
Sie hebt den Arm mit dem Schal und winkt damit dem Auto zu.
(mit dem Schal in der Luft winken)

Als der VW auf ihrer Höhe ist, erkennt sie den Fahrer. Es ist nicht Peter. Dietlinde hat sich getäuscht. Sie hat sich so sehr auf das Auto konzentriert, dass sie zu nahe am Fahrbahnrand steht.
Der Käfer fährt durch eine Pfütze. Eine Wasserfontäne spritzt hoch und landet auf Dietlindes Mantel. Jetzt ist sie pitschnass.
„So eine Schweinerei", murmelt sie und versucht, den Mantel mit dem Schal trocken zu reiben.
(mit dem Schal über die Brust reiben)

Es hilft nichts! Dietlinde muss weiter. Sie hat noch beinahe zehn Minuten vor sich. Dietlinde entschließt sich, die Abkürzung durch den Park zu nehmen. Doch kaum ist sie in der Grünanlage, verfinstert sich der Himmel. Da fängt es auch schon zu tröpfeln an. Dietlinde hält sich schützend ihren Schal über den Kopf.
(den Schal über den Kopf halten)

Aus wenigen Tropfen wird schnell ein ausgewachsener Regenguss. „Wieso musste ich ausgerechnet gestern meinen Schirm im Büro stehen lassen?", seufzt Dietlinde.
Sie beschleunigt ihre Schritte. Dort vorne ist eine alte Eiche. Dietlinde beschließt, sich unterzustellen und den Regen

abzuwarten. Unter den schützenden Ästen angekommen, schüttelt sie erst einmal den Schal aus.
(den Schal in der Luft ausschütteln)

Dietlinde wartet ungeduldig. Doch der Regen will einfach nicht nachlassen. Sie wirft einen Blick auf ihre Armbanduhr.
„Bestimmt komme ich zu spät zur Arbeit“, murmelt Dietlinde.
Sie vergräbt ihr Gesicht im feuchten Schal und atmet tief durch.
(das Gesicht in den Schal vergraben)

Als sie wieder aufblickt, sieht sie, dass das Wetter sich von einer Sekunde auf die andere geändert hat. Jetzt ist aus dem Regen Schnee geworden. Flocken schweben langsam vom Himmel auf die Erde.
„April, April, der macht, was er will“, stöhnt Dietlinde.
Sie wickelt sich entschlossen den Schal um den Kopf und macht sich wieder auf den Weg.
(den Schal um den Kopf wickeln)

Dietlinde hat den Park durchquert. Jetzt kann sie in der Ferne schon das große Firmenschild erkennen. Da hört es miteinem Mal auf zu schneien. Dafür frischt der Wind wieder auf.
Dietlinde stöhnt auf. Sie nimmt den Schal vom Kopf und wickelt ihn wieder um den Hals.
(den Schal vom Kopf nehmen und um den Hals wickeln)

„Bäh!“, entfährt es Dietlinde. Der Schal liegt wie ein nasser Lappen auf ihrem Nacken. Sie schüttelt sich. So fühlt sich der Wind noch kälter

an. Schnell wickelt sie den Schal wieder ab und wirft ihn über eine Schulter.
(den Schal abnehmen und über eine Schulter legen)

Drei Minuten später tritt sie durch die Drehtür der Spedition. In der Empfangshalle hängt Dietlinde erst einmal ihren Schal über den Arm und knöpft sich den Mantel auf.
(den Schal von der Schulter nehmen und über den Arm legen)

Sie geht ein paar schnelle Schritte zum Paternoster und steigt ein. Im dritten Stock hüpft sie aus dem Aufzug und hastet den Flur entlang. Dabei wirft sie einen schnellen Blick zum Büro des Chefs. Die Tür ist zu. Hoffentlich hat er nicht bemerkt, dass sie noch nicht an ihrem Platz sitzt! Dietlinde schlüpft durch die dritte Tür rechts, schließt sie und lehnt sich mit dem Rücken dagegen. Sie schließt die Augen und atmet schwer. Dann nimmt sie den Schal und tupft sich den Schweiß von der Stirn.
(mit dem Schal über die Stirn wischen)

„Du bist aber spät dran“, hört sie eine Stimme.
Dietlinde öffnet die Augen. Edda, ihre Bürokollegin ist schon da.
Sie sitzt hinter ihrem Schreibtisch und sieht Dietlinde über den Rand ihrer Brille hinweg an.
„Ja, ich bin spät dran. Und obendrein pitschnass“, sagt Dietlinde.
Sie nimmt den Schal mit spitzen Fingern und hält ihn von sich weg.
(den Schal mit ausgestrecktem Arm nach vorne halten)

Dietlinde schüttelt den Schal kräftig aus.
(den Schal in der Luft ausschütteln)

Dann hängt sie ihn an den Haken neben die Tür.
(den Arm hochstrecken und den Schal an einen imaginären Haken hängen)

„Ja, heute ist wirklich ein echtes Aprilwetter", meint Edda und mustert Dietlinde.
„Aber sag mal, wieso hast du eigentlich keinen Schirm mitgenommen?", fragt sie.
Dietlindes Blick wandert zu ihrem Schreibtisch. Dort lehnt ihr roter Schirm mit den weißen Punkten.
„Stimmt. Ein Schirm wäre wirklich eine gute Idee gewesen. Warum bin ich nur nicht selbst darauf gekommen?", sagt sie und rollt mit den Augen.
Dann zieht sie den Mantel aus und macht sich an die Arbeit.

Roland, der Rätselkönig

Für die folgende Bewegungsgeschichte brauchen Sie für alle Teilnehmenden dieses Material:

➔ jeweils 1 Zeitung oder Zeitschrift

Roland tritt vor die Tür. Er wartet seit zwei Tagen auf sein Rätselheft. Ob es heute endlich in der Post ist? Tatsächlich!
„Wurde auch Zeit", murmelt Roland.
Er zieht die Zeitschrift aus der Zeitungsrolle unter dem Briefkasten. Zufrieden nickt er und rollt die Zeitschrift ein.
(die Zeitschrift zu einer Rolle zusammenrollen)

Dann klemmt er sich die Rolle unter den Arm.
(die Rolle unter den Arm klemmen)

Danach holt er noch die restliche Post aus dem Briefkasten und geht ins Haus zurück.
„Waltraud, ich möchte nicht gestört werden!", ruft Roland in Richtung Küche.
Er fischt einen Kugelschreiber aus der Kommode im Flur. Mit Zeitschrift und Stift geht er ins Wohnzimmer und macht es sich auf dem Sofa gemütlich. Roland legt die Rätselzeitschrift auf den Couchtisch. Mit beiden Händen streicht er sein Lieblingsmagazin glatt.
(die Zeitschrift auf den Tisch oder die Oberschenkel legen und mit beiden Händen glatt streichen)

„Mal sehen, welche Rätsel es diesmal gibt", meint Roland und leckt sich den rechten Zeigefinger ab. Dann fängt er an, durch die Zeitschrift zu blättern.
(einige Seiten der Zeitschrift umblättern)

„Reklame, Reklame und wieder Reklame", beschwert sich Roland.
Auf Seite sieben wird er endlich fündig.
„Ah, ein Kreuzworträtsel", freut sich Roland.
Er fährt mit dem Zeigefinger die Fragekästchen entlang.
(mit dem rechten Zeigefinger über die aufgeschlagene Seite fahren)

„Teil des Bestecks mit fünf Buchstaben", liest er halblaut vor.
Roland überlegt. Löffel? Nein, das Wort hat zu viele Buchstaben.
Roland trommelt mit den Fingern auf die Zeitschrift.
(mit den Fingern auf die Zeitschrift trommeln)

Er kommt einfach nicht drauf! Kurzerhand knickt er die obere Ecke der Seite um und schlägt die Zeitschrift zu.
(eine Ecke umknicken und die Zeitschrift zuklappen)

Roland faltet die Zeitschrift in der Mitte zusammen und geht damit in die Küche.
(die Zeitschrift in der Mitte falten)

Seine Frau Waltraud bereitet gerade das Essen zu.
„Sag mal, fällt dir ein Teil des Bestecks mit fünf Buchstaben ein?", fragt er beiläufig.
Waltraud überlegt kurz. Ohne ihre Arbeit zu unterbrechen, sagt sie: „Gabel."
Roland zählt die Buchstaben an den Fingern seiner rechten Hand nach.
(mit den Fingern bis fünf zählen)

„Stimmt genau", murmelt er, verlässt die Küche und kehrt ins Wohnzimmer zurück.
Er faltet die Zeitschrift auseinander, legt sie auf den Tisch und schlägt die umgeknickte Seite auf. Rasch notiert Roland das Wort „Gabel" in der richtigen Zeile.
(die Zeitschrift an der umgeknickten Seite aufschlagen und mit einem imaginären Stift „Gabel" schreiben)

„Weiter geht's", sagt Roland. „Bekannter Fluss im Norden von Deutschland. Vier Buchstaben. Der letzte ist ein E."
Roland kratzt sich am Kopf. Er überlegt. Aber die Lösung will ihm einfach nicht einfallen. Roland hebt die Zeitschrift hoch und hält sie mit ausgestreckten Armen von sich.
(die Zeitschrift mit ausgestreckten Armen von sich weghalten)

„Waltraud!", ruft er dann laut.
„Kennst du einen Fluss im Norden von Deutschland mit vier Buchstaben?"

Er will gerade noch erklären, was der letzte Buchstabe sein muss.
Aber das ist nicht nötig.
„Elbe!“, hört er Waltraud zurückrufen.
Roland tippt auf die vier Felder im Rätsel.
(4-mal mit dem rechten Zeigefinger auf die Zeitschrift tippen)

„Stimmt tatsächlich“, sagt Roland zufrieden und trägt das Wort ein.
„Ganz schön schwierig“, findet er.
Ihm ist von der ganzen Rätselei richtig heiß geworden. Roland klappt die Zeitschrift zu und fächelt sich damit etwas Luft zu.
(die Zeitschrift zuklappen und vor dem Gesicht hin- und herbewegen)

„Was brauchen wir denn jetzt noch?“, murmelt Roland und rätselt weiter.
Eine Fliege umkreist seinen Kopf und bringt ihn ganz aus dem Konzept. Da kann sich ja kein Mensch konzentrieren! Roland rollt kurzerhand die Zeitschrift zusammen und schlägt damit nach der Fliege.
(die Zeitschrift zusammenrollen und damit in der Luft herumwedeln)

Er steht auf und öffnet das Fenster. Mit der Zeitschrift deutet er nach draußen.
„Los, raus mit dir!“, befiehlt er.
(mit der zusammengerollten Zeitschrift nach vorne deuten)

Die Fliege nimmt tatsächlich Reißaus. Schnell schließt Roland das Fenster.
„Wenigstens hab ich jetzt wieder meine Ruhe“, nickt er zufrieden und nimmt wieder auf dem Sofa Platz.
Er schlägt erneut sein Rätselheft auf.
(die Zeitschrift wieder aufschlagen)

„Beliebtes Kartenspiel mit vier Buchstaben. Das ist natürlich Skat“, meint Roland triumphierend.
Er trägt das Wort ein. Auch die nächsten beiden Lösungen kennt er.
Roland streicht stolz mit der flachen Hand über die Rätselseite.
(mit der rechten Hand über die Seite streichen)

Doch dann wird es schwierig.
„Lateinisch: Haus“, liest er laut vor.
Er muss wohl oder übel seine Frau wieder um Rat fragen.
„Waltraud? Sag mal, was heißt ‚Haus‘ auf Lateinisch?“, ruft er laut.
Das weiß seine Frau vermutlich auch nicht. Alles andere würde ihn wundern. Doch da kommt auch prompt schon die Antwort:
„Domus!“
Roland zählt die Buchstaben ab. Fünf. Das könnte stimmen.
(5-mal mit dem rechten Zeigefinger auf die Zeitschrift tippen)

Eine Viertelstunde später sind alle Felder ausgefüllt. Roland ist mit sich zufrieden. Gerade will er das nächste Rätsel angehen und blättert eine Seite um.
(eine Seite umblättern)

Doch da kommt Waltraud ins Wohnzimmer.
„Das Essen ist gleich fertig“, sagt sie.
Dann beugt sie sich über Rolands Rätselheft.
„Lass mal sehen“, meint sie und blättert in der Zeitschrift herum.
(vor- und zurückblättern)

Roland zieht die Zeitschrift zu sich und klappt sie zu.
(die Zeitschrift zuklappen)

„Ich sag es ja ungern, aber: Das ist nichts für dich. Für solche Rätsel muss man ziemlich schlau und gebildet sein“, sagt er zu Waltraud.
Seine Frau rollt mit den Augen.
„Eingebildeter Mensch mit sieben Buchstaben: Ehemann“, murmelt Waltraud.
„Was hast du gesagt?“, fragt Roland.
„Ach nichts“, winkt Waltraud ab.
Dann verlässt sie ohne einen weiteren Kommentar das Wohnzimmer.

© Visual Generation – Shutterstock.com

Sockenstricken ist ganz einfach!

Für die folgende Bewegungsgeschichte brauchen Sie für alle Teilnehmenden dieses Material:

➔ jeweils 1 (kleines) Wollknäuel

„Was gibt es denn heute Abend zum Essen?“, fragt Norbert.
Er ist gerade in die Küche gekommen. Auf dem Herd steht ein Topf. Er lupft den Deckel. Der Topf ist leer! Fragend sieht er zu seiner Frau Renate. Die sitzt auf der Eckbank und ist ganz in ihre Strickarbeit
vertieft. Jetzt legt Renate das Strickzeug beiseite und hebt den Kopf.
(das Wollknäuel auf den Tisch legen)

„Ach, ich hab ganz die Zeit vergessen“, gibt sie zu.
„Ich würde gerne noch die Socken fertig stricken. Kannst du nicht einfach ein paar Brote schmieren?“, fragt Renate.
Nobert seufzt.
„Und wieso dauert das denn so lange? So schwer kann das bisschen Stricken doch wohl nicht sein, oder?“, nörgelt er.
Renate zieht ärgerlich ihre Augenbrauen zusammen. Dann holt sie ein neues Wollknäuel aus ihrem Strickkorb und hält es Norbert hin.
(das Wollknäuel hochheben und nach vorne strecken)

„Bitte schön. Du kannst es gerne ausprobieren“, meint sie dabei.
Norbert lässt sich nicht lange bitten.
„Das haben wir gleich“, murmelt er.

Norbert nimmt das Wollknäuel entgegen und setzt sich Renate gegenüber. Er zieht den Anfang des Wollfadens Stück für Stück aus dem Knäuel.
(den Wollfaden Stück für Stück aus dem Wollknäuel ziehen)

Dann nimmt Norbert das Wollknäuel in die Hand und reibt es an seine Wange.
(das Wollknäuel an der Wange reiben)

„Schön weich. Genau richtig für warme Wintersocken", stellt Norbert fest.
„So. Und jetzt?", will er von Renate wissen.
Denn er hat eigentlich keine Ahnung, wie Stricken funktioniert.
Renate muss grinsen.
„Ich dachte, das ist gar nicht schwer", sagt sie, um einen ernsten Ton bemüht.
Doch dann hat sie Erbarmen. Sie nimmt Norbert das Knäuel aus der Hand und zieht den Wollfaden zwischen dem kleinen Finger und dem Ringfinder nach vorne zur Handfläche.
(den Wollfaden von hinten zwischen kleinem Finger und Ringfinger nach vorne zur Handfläche ziehen)

Dann zieht sie den Faden zwischen Zeige- und Mittelfinger nach hinten. Anschließend wickelt sie ihn zweimal um den Zeigefinger.
(den Wollfaden zwischen Zeige- und Mittelfinger nach hinten ziehen und 2-mal um den Zeigefinger wickeln)

Schließlich legt Renate den Wollfaden noch einmal um ihren Daumen.
(den Wollfaden um den Daumen wickeln)

„So hältst du den Faden. Dann kannst du anfangen, Maschen anzuschlagen“, erklärt sie geduldig.
Sie wickelt die Wolle wieder ab und reicht sie zurück an ihren Mann.
Norbert klemmt sich die Zunge zwischen die Zähne.
Er wickelt die Wolle mehrmals um Zeige- und Mittelfinger.
(die Wolle wieder vom Finger abwickeln und dann mehrmals um Zeige- und Mittelfinger wickeln)

„So!“, sagt Norbert stolz und hält seine Hand mit dem Fadengewirr nach oben.
(die Hand mit dem umgewickelten Wollfaden nach oben halten)

Renate verdreht die Augen und schüttelt den Kopf.
„Nein. So wird das nichts. Probiere es einfach noch mal“, schlägt sie vor.
Norbert lässt die Schultern hängen. Dann zieht er die Wolle von den Fingern. Bevor er noch mal einen Versuch startet, wickelt er die Wolle erst ordentlich um seine Hand auf.
(den Wollfaden von den Fingern ziehen und um die Hand wickeln)

Dann versucht er wieder, den Wollfaden richtig durch die Finger zu führen. Aber es will einfach nicht klappen. Renate nimmt ihm kurzerhand die Wolle aus der Hand und greift nach ihren Stricknadeln. Ruckzuck hat sie ein paar Maschen angeschlagen.

Norbert nimmt die Nadeln entgegen. Ungeschickt zieht er daran. Plötzlich rutschen alle Maschen von der Nadel. Norbert bekommt das Ende des Fadens zu fassen. Er zieht daran. Die Maschen lösen sich eine um die andere auf. Das Wollknäuel fällt zu Boden.
(den Anfang des Wollfadens in der Hand halten und das Wollknäuel in den Schoß fallen lassen)

„Verflixt noch mal!", ruft Norbert.
Stöhnend bückt er sich und hebt das Wollknäuel wieder auf.
(sich bücken und das Wollknäuel hochholen)

„Ich glaube, du hast mir einfach die falsche Wolle gegeben!", ist sich Norbert sicher.
Er hält das Wollknäuel in die Luft und sieht Renate vorwurfsvoll an.
(das Wollknäuel mit ausgestrecktem Arm nach oben halten)

„Bestimmt. Daran wird es liegen", murmelt Renate und versucht, ein Grinsen zu unterdrücken.
Norbert rollt die Wolle auf dem Tisch hin und her und wartet auf weitere Anweisungen.
(das Wollknäuel auf dem Tisch oder Oberschenkel mit einer Hand hin- und herrollen)

„Am besten, du wickelst erst einmal die Wolle wieder auf", schlägt Renate vor.
Norbert tut, wie ihm geheißen. Er nimmt das Wollknäuel und wickelt den losen Faden drumherum.
(den Faden auf das Wollknäuel aufwickeln)

Als er damit fertig ist, knetet er mit beiden Händen die weiche Wolle.
(mit beiden Händen das Wollknäuel kneten)

Renate hat den Eindruck, ihr Mann will Zeit herausschlagen. Denn nun beginnt Norbert, das Wollknäuel von einer Hand in die andere und wieder zurück zu werfen.
(das Wollknäuel von einer Hand in die andere und wieder zurück legen)

Renate nimmt ihrem Mann die Wolle ab und legt sie mit Nachdruck auf den Tisch.
(das Wollknäuel auf dem Tisch ablegen und eine flache Hand darauf legen)

„Soll ich dir jetzt noch mal zeigen, wie man den Faden hält?", fragt Renate vorsichtig.
Norbert nimmt das Wollknäuel und wirft es einmal in die Luft.
(das Wollknäuel einmal in die Luft werfen und wieder auffangen)

„Klar. Du wirst sehen: Diesmal klappt es ruckzuck", sagt Norbert. Aber er klingt dabei nicht mehr sehr selbstsicher. Renate will gerade wieder mit ihrer Erklärung anfangen. Da klingelt das Telefon. Norbert springt sofort auf. Er läuft in den Flur und reißt den Hörer von der Gabel.
„Ja, bitte?", meldet er sich.
„Ach, Mutter, du bist es. Ja, es geht uns gut. Ich stricke gerade Socken", sagt er laut.

„Was? Nein, natürlich kann ich das."
Wenig später kommt Norbert wieder zurück in die Küche.
Er nimmt das Wollknäuel und legt es zurück in den Strickkorb.
(die Wolle hochheben und wieder ablegen)

„Wir machen es jetzt so: Du strickst in Ruhe fertig. Und ich kümmere mich um das Abendbrot. Brote schmieren ist immerhin eine schwierige Aufgabe. Da kannst du dich beruhigt um die leichtere Arbeit kümmern", schlägt Norbert vor.
Renate klappt ihren Mund auf, um etwas zu entgegnen. Aber dann lässt sie es doch bleiben. Stattdessen streicht sie amüsiert über ihr Wollknäuel.
(mit einer Hand über das Wollknäuel streichen)

„Genau. Kümmere du dich um die schwierigen Dinge", murmelt sie und wendet sich wieder ihrer Strickarbeit zu.

Gute Manieren sind das A und O

Für die folgende Bewegungsgeschichte brauchen Sie für alle Teilnehmenden dieses Material:

➔ jeweils 1 Serviette

Heute Abend kommt Alfreds Chef nebst Gattin zum Abendessen. Josefine steht schon seit Stunden in der Küche. Schließlich sind Herr und Frau von Willingen richtig feine Leute. Da muss sie sich schon ins Zeug legen. Während Alfred sich gerade noch frisch rasiert, geht Tochter Gitti ihrer Mutter zur Hand.
„Falte bitte noch die Servietten", fordert Josefine ihre Tochter auf.
„Bloß weil Papas Chef kommt", murmelt Gitti.
„Einfach einmal quer. Damit ein schönes Dreieck entsteht", übergeht Josefine das Aufbegehren der Tochter.
Missmutig faltet das junge Fräulein die fünf Servietten.
(die Serviette diagonal zu einem Dreieck falten)

Danach decken Josefine und Gitti zusammen den Tisch.
„Ich verstehe gar nicht, wieso du so viel Aufhebens machst. Papas Chef ist doch auch nur ein Mensch", mault Gitti.
Josefine hebt mahnend ihren Finger: „Von wegen. Herr und Frau von Willingen sind aus der höheren Gesellschaft. Sie legen Wert auf gutes Essen und erstklassige Umgangsformen."
Gitti rollt mit den Augen. Aber nur so, dass Josefine es nicht sehen kann. Dann schiebt sie neben jeden Teller eine der gefalteten Servietten.
(die gefaltete Serviette auf dem Tisch oder Oberschenkel hin- und herschieben)

Eine halbe Stunde später klingelt es.
„Alfred? Machst du bitte auf?“, ruft Josefine, während sie den Braten aus dem Ofen holt.
Hinter Alfred treten Herr und Frau von Willingen in die Küche.
„Nimm sofort die Hände aus den Rocktaschen!“, zischt Josefine Gitti zu.
Dann setzt sie ein Lächeln auf und bittet zu Tisch. Nacheinander nehmen alle Platz. Josefine und Alfred beobachten den Chef und dessen Frau. Erst als die beiden ihre Servietten von den Tellern nehmen und auseinanderfalten, machen sie es auch.
(die Serviette auseinanderfalten)

Herr von Willingen schaut sich um.
„Schön haben Sie es hier“, lobt er.
„Und das Essen riecht hervorragend, meine Liebe“, ergänzt seine Frau und nickt Josefine anerkennend zu. Dann nimmt sie die Serviette an einer Ecke und schüttelt sie kräftig aus.
(die Serviette an einer Ecke nehmen und in der Luft schütteln)

„Bitte. Bedienen Sie sich“, sagt Josefine und deutet auf die Schüsseln und Platten mit Braten, Soße und Beilagen.
Herr von Willingen lässt sich nicht lange bitten. Er sticht beherzt mit seiner Gabel in einen Kloß. Leider rutscht er dabei ab.
Der runde Knödel kullert von der Platte quer über den Tisch.
„Karl! Pass doch auf!“, fährt seine Frau ihn an.
Mit einer Hand zerknüllt sie ärgerlich die Serviette.
(die Serviette mit einer Hand knüllen)

Herr von Willingen lacht.
„Hier ist ja der kleine Ausreißer“, meint er und beugt sich über den halben Tisch.
Er schnappt sich den Kloß mit der Hand und legt ihn auf seinen Teller. Dann wischt er sich jeden Finger einzeln an der Serviette ab.
(jeden Finger der linken Hand mit der Serviette abwischen)

„Wirklich feine Herrschaften sind das“, flüstert Gitti beinahe lautlos.
Josefine gibt ihrer Tochter unter dem Tisch einen leichten Tritt und wirft ihr einen bösen Blick zu.
Als alle ihre Teller gefüllt haben, wünscht Alfred den Gästen einen guten Appetit.
Herr von Willingen stopft sich seine Serviette hinter den Hemdkragen und streicht sie vor der Brust glatt.
(die Serviette oben in den Ausschnitt stecken und glatt streichen)

Dann beginnt Alfreds Chef zu essen. Gespannt sieht Josefine dabei zu, wie eine Gabel voll Braten in von Willingens Mund verschwindet.
„Schmeckt's?“, fragt Josefine.
„Mhm. Bampf vorpfügliff“, antwortet Alfreds Chef mit vollem Mund.
Frau von Willingen nimmt nur einen kleinen Bissen. Danach tupft sie sich mit der Serviette die Mundwinkel ab.
(die Serviette aus dem Ausschnitt ziehen und damit die Mundwinkel abtupfen)

Staunend beobachtet Josefine, wie Herr von Willingen in enormem Tempo seinen Teller leert. Als er fertig ist, nimmt er die Serviette und wischt sich über die Stirn.
(mit der Serviette über die Stirn wischen)

„Darf ich Ihnen noch Nachschlag geben?“, fragt Alfred.
Josefine springt auf und holt frische Klöße aus dem Topf auf dem Herd.
„Gerne, gerne“, meint Herr von Willingen.
„Karl!“, ruft seine Frau und reißt ihre Augen auf.
Dann lässt sie ihre Serviette zu Boden fallen.
(die Serviette auf den Boden fallen lassen)

Herr von Willingen und seine Frau bücken sich gleichzeitig danach.
(sich bücken und die Serviette wieder hochholen)

„Du sollst doch nicht so über die Stränge schlagen. Denk an deine Galle. Der fette Braten ist da bestimmt nicht das Richtige“, hört Josefine Frau von Willingen mit dem Kopf unter dem Tisch zetern.
„Von wegen ‚fetter Braten‘“, flüstert Josefine empört.
Alfred tätschelt ihr beruhigend den Arm.
Dann tauchen die beiden wieder auf. Frau von Willingen schüttelt mit verkniffenen Lippen ihre Serviette aus.
(die Serviette in der Luft ausschütteln)

„Ich glaube, ich bin doch schon ziemlich satt“, murmelt Herr von Willingen betreten und legt seine Serviette auf den Teller.
(die Serviette ausbreiten und auf den Tisch oder die Oberschenkel legen)

Es herrscht eine peinliche Stille, als alle anderen weiteressen. Josefine beobachtet aus den Augenwinkeln, wie Herr von Willingen genüsslich mit den Fingernägeln zwischen seinen Zähnen herumbohrt.
„Hi, hi, hi“, beginnt Gitti hinter vorgehaltener Hand zu kichern.
„Hat sich das junge Fräulein verschluckt?“, fragt Herr von Willingen besorgt nach.
Gitti schüttelt grinsend den Kopf und trinkt schnell etwas.
Frau von Willingen gibt ihrem Mann einen Stoß mit dem Ellbogen. Dann faltet sie ihre Serviette fein säuberlich zu einem kleinen Quadrat und legt sie auf den Tisch.
(die Serviette 2-mal in der Mitte zu einem kleinen Quadrat falten und auf dem Tisch oder den Oberschenkeln ablegen)

Bald darauf verabschieden sich Herr und Frau von Willingen.
„Mein Mann braucht seinen Schlaf“, entschuldigt Frau von Willingen den frühen Aufbruch.
„Aber natürlich. Das ist doch verständlich“, nickt Josefine.
Dabei sieht sie richtig erleichtert aus. Alfred begleitet seinen Chef und dessen Gattin noch zur Tür. Kaum hat er die Küchentür geschlossen, nimmt Gitti ihre Serviette in die Hand. Übertrieben vornehm beginnt sie, damit in der Luft zu winken.
(mit der Serviette in der Luft winken)

„Auf Wiedersehen, die Herrschaften. Wirklich feine Leute sind das, muss ich schon sagen", sagt sie mit nasaler Stimme.
Josefine muss ihrer Tochter Recht geben.
„Nicht mal für die Einladung haben die sich bedankt. Gute Manieren sehen tatsächlich anders aus", meint sie.
„Reg dich nicht auf, Mama. Denk an deine Galle", raunt Gitti ihrer Mutter zu.
Dann prusten die beiden los.

Kapitel 3

Bewegungsgeschichten mit Signalwort

Die folgenden Bewegungsgeschichten mit Signalwort beinhalten immer gleiche passende Bewegungen zu einzelnen Wörtern im Text. Vor jeder Geschichte wird angegeben, bei welchen Signalwörtern welche Bewegung gemacht wird. Die Geschichten sind so aufgebaut, dass Sie als Vorleser*in die Bewegungen während des Lesens vormachen und Ihre Teilnehmenden diese dann nachmachen können. Die jeweiligen Signalwörter finden Sie, farblich hervorgehoben, im Text.

An der nächsten Ecke links!

Bitte folgende Bewegungen bei den passenden Signalwörtern machen:
Signalwort *„links"/„linke(n)": den linken Arm heben*
Signalwort *„rechts"/„rechte(n)": den rechten Arm heben*

Anita und ihr Mann Winfried sind auf dem Weg zu Winfrieds Bruder Rüdiger. Der ist mit seiner Familie umgezogen. Jetzt wohnen sie in der Ulmenstraße in Neustadt. Das ist etwa 20 Kilometer von Anita und Winfried entfernt. Um drei Uhr haben Rüdiger und seine Frau Irmgard zu Kaffee und Kuchen eingeladen. Anita und Winfried wollen frühzeitig losfahren, um pünktlich anzukommen. Anita sitzt *links* hinter dem Steuer des grünen VW Golf. Winfried sitzt *rechts* auf dem Beifahrersitz. Auf seinem Schoß liegt eine aufgefaltete Straßenkarte.

„Rüdiger hat den Weg ja genau beschrieben. Ist gar nicht schwer. Ich folge der Umgehungsstraße und biege dann *rechts* auf die Hauptstraße ein. Dann geradeaus weiter. Und in der Stadtmitte nach der Kirche *links*", sagt Anita und startet den Wagen.
Winfried unterbricht seine Frau mit einer Handbewegung.
„Überlass das mir. Ich kenne einen schnelleren Weg. Das ist eine echte Abkürzung", verkündet Winfried.
„So sparen wir Zeit, Kilometer und Sprit. Fahr einfach, wie ich es dir sage", informiert er seine Frau.
Anita seufzt, nickt dann und dreht den Zündschlüssel nach *rechts*. Sie schaut kurz über ihre *linke* Schulter und fährt los.

„Dort vorne musst du *links*", sagt Winfried nach etwa fünf Kilometern.
„Bist du sicher?", erkundigt sich Anita und schaltet mit der *rechten* Hand einen Gang runter.
„Ja, *links*", beteuert Winfried.
Anita setzt den Blinker und ordnet sich *links* ein.
„Was machst du denn?", ruft Winfried.
„Na, ich biege *links* ab. So wie du es gesagt hast", meint Anita und zuckt mit den Schultern.
„Ich meinte das andere *Links*", ruft Winfried.
„Also, äh ... *rechts*", fügt er schnell an und deutet in die *rechte* Seitenstraße.
Zu spät! Anita stöhnt auf. Sie fährt *rechts* ran und versucht, zu wenden.

Endlich hat sie die Abzweigung genommen, die Winfried gemeint hat.
„Dann an der nächsten Ecke *links*", sagt Winfried nach einer Weile.
„Meinst du diesmal wirklich *links*? Oder doch wieder *rechts*?", erkundigt sich Anita vorsichtshalber.
„Nein, ich meine *links*", brummt Winfried.
Anita fährt, wie ihr Mann ihr geheißen hat. Nach fünf Minuten sind sie wieder an derselben Straßenecke wie zuvor.
„Jetzt sind wir im Kreis gefahren", stellt Anita fest.
„Ich glaube, wir hätten doch *rechts* gemusst", gibt Winfried kleinlaut zu.

Anita lässt die Schultern hängen.
„Dann also noch mal von vorne. Ich fahre jetzt also *rechts*“, informiert sie ihren Mann.
Der nickt und lehnt sich in seinen Sitz zurück.
„Da!“, meint er nach einer Weile.
„Beim Feuerwehrhaus musst du *links* fahren“, ist er sich sicher.
Anita folgt seinen Anweisungen und biegt *links* in die Straße ein.

Wenige Meter weiter blockiert ein Lastwagen die Straße. Ein Mann im blauen Arbeitsanzug winkt mit beiden Armen über dem Kopf. Winfried kurbelt das Fenster herunter und beugt sich *rechts* aus dem Wegen.
„Sie müssen umkehren. Das dauert hier länger. Nehmen Sie am besten die *rechte* Parallelstraße“, ruft der Arbeiter Winfried zu und ist auch gleich wieder hinter dem Laster verschwunden.
Anita sagt nichts dazu, sondern legt nur kurz ihren Kopf ans Lenkrad. Dann hat sie sich wieder im Griff. Sie sieht nach *links* und *rechts*, um eine Einfahrt zu finden, in der sie wenden kann. Mit der *rechten* Hand legt sie den Rückwärtsgang ein und fährt langsam an. Winfried dreht den Kopf über seine *linke* Schulter und übernimmt wieder das Kommando: „Jetzt kräftig nach *rechts* einschlagen.“

Eine halbe Stunde später sind sie immer noch nicht am Ziel.
„Fahr dort mal *links* auf den Parkplatz“, sagt Winfried.
Anita biegt ab und stellt den Wagen ab.
„Und jetzt?“, fragt sie.

Winfried beugt sich tief über die Straßenkarte. Er fährt mit dem Finger die Route ab. Dabei murmelt er: „Erst *rechts*. Dann zweimal *links*. Danach *rechts* und wieder *links*."

„Halt!", unterbricht Anita ihren Mann.
Sie öffnet mit der *linken* Hand die Fahrertür und schwingt das *linke* und *rechte* Bein aus dem Auto. Während sie aussteigt, sagt sie zu Winfried: „Ich werde jetzt das Kommando übernehmen. Und du fährst!"
Anita geht um den Wagen herum und macht die Beifahrertür auf. Mit der *rechten* Hand nimmt sie Winfried die Straßenkarte ab und deutet mit der *linken* Hand an, dass er aussteigen soll. Winfried brummt kurz. Doch schließlich klettert er aus dem Auto, um die Plätze zu tauschen.

Anita nimmt auf der *rechten* Seite Platz und breitet die Straßenkarte mit ausgestreckten Armen vor sich aus. Sie dreht die Karte erst ein wenig nach *rechts*. Dann ein Stück nach *links*. Danach legt sie die Karte auf ihren Schoß.
„Ah, hier sind wir. Und hier wollen wir hin", stellt sie fest und tippt mit dem Zeigefinger ihrer *rechten* Hand auf zwei Punkte auf der Straßenkarte.
Winfried klettert auf der *linken* Seite ins Auto und schließt die Tür. Er dreht den Zündschlüssel nach *rechts*. Der Motor läuft rumpelnd an.

„Wohin jetzt? *Rechts* oder *links*?", fragt er, das Lenkrad mit der *rechten* und der *linken* Hand fest umklammert. Dabei schaut er konzentriert aus der Frontscheibe nach draußen.
„*Rechts*!", sagt Anita entschlossen.

Anita lotst ihren Mann mit fester Stimme durch die Stadt. Ein schneller Blick nach *links* zu Winfried zeigt ihr, dass er nicht gerne das Zepter aus der Hand gegeben hat. Er hat seine *rechte* und *linke* Schulter weit nach oben gezogen und sieht verkniffen auf die Straße. Es dauert kaum eine Viertelstunde, da sieht Anita auch schon das richtige Straßenschild.
„Schau! Dort *rechts* geht es in die Ulmenstraße. Wir sind also richtig", meint sie triumphierend.
„Ja, ja", brummt Winfried kaum verständlich.
Er setzt den Blinker und dreht das Lenkrad nach *rechts*.
In Schritttempo fährt er die Straße entlang.
„Das vierte Haus auf der *linken* Seite muss es sein", ist Anita sich sicher.
„Das hätten wir auch schneller haben können", fügt sie an und schaut nach *links* zu Winfried.
Aber der beachtet sie nicht weiter, sondern schaut stur geradeaus.

Rüdiger und seine Frau Irmgard stehen schon in der Einfahrt zu ihrem Häuschen und winken, als Winfried und Anita näher kommen. Winfried parkt *rechts* gegenüber der Zufahrt. Kaum sind Anita und Winfried ausgestiegen, beginnt Rüdiger auch schon, auf sie einzureden: „Ihr seid aber spät dran. Habt ihr euch verfahren?"
Winfried fixiert seine Schuhspitzen. Anita grinst gequält.
„Dabei ist es wirklich nicht schwer zu finden. Ihr hättet nur von der Umgehungsstraße nach *rechts* in die Hauptstraße einbiegen müssen", beginnt er, den Weg zu erklären.
Anita nickt.
„Genau. Und dann an der Kirche nach *links*", ergänzt sie.

Dann schielt sie zu Winfried.
„Aber mein Mann kannte da eine Abkürzung ..."
Rüdiger lacht.
„Typisch mein Bruder!"
Da meldet sich Irmgard zu Wort: „Jetzt seid ihr ja da. Der Kaffee ist schon fertig. Kommt rein", meint sie.
„Hoffentlich ist der Kaffee stark. Den brauche ich jetzt für meine Nerven", meint Anita und folgt ihrer Schwägerin nach *rechts* den Weg entlang ins Haus.

In der Tropfsteinhöhle

Bitte folgende Bewegungen bei den passenden Signalwörtern machen:
Signalwort *„Höhle": mit beiden Händen einen großen Bogen von oben nach unten beschreiben*
Signalwort *„Gespenst(er)": mit beiden Händen in der Luft wedeln*
Signalwort *„oben": mit der Hand nach oben deuten*
Signalwort *„unten"/„unter": mit der Hand nach unten deuten*

Gundula und Albert machen heute mit ihrem Sohn Fritz einen Ausflug. Es geht nach Pottenstein. Dort gibt es die berühmte Teufels*höhle*. Die wollen sie besichtigen. Fritzchen ist schon ganz aufgeregt.

In der Schule hat der kleine Fritz schon viel über *Höhlen* gelernt. „Da gibt es Tropfsteine. Die wachsen von *oben* nach *unten* und umgekehrt. Die von *oben* nach *unten* heißen Stalaktiten. Die von *unten* nach *oben* sind Stalagmiten", informiert er seine Eltern auf der Fahrt.
Gundula dreht ihren Kopf nach hinten und nickt Fritz zu.
„Was für ein kluges Kerlchen unser Sohn doch ist", murmelt sie stolz.

Albert parkt den Wagen in der Nähe des Aufgangs zur *Höhle*. Gundula steigt aus dem Auto und klappt den Beifahrersitz nach vorne, damit Fritz aussteigen kann.
„Ich geh schon mal zur *Höhle* hoch", ruft Fritz.
Kaum dass er von der Rückbank geklettert ist, saust er los.

Dabei hält er die Taschenlampe, die er extra mitgenommen hat, fest in seiner Hand.

Albert ruft seinem Sohn lachend hinterher: „Aber pass auf, dass dich kein *Höhlen-Gespenst* erwischt.“
Fritz bleibt stehen und dreht sich um.
„Gibt es wirklich *Gespenster* in der *Höhle*?“, fragt er mit großen Augen.
Gundula sieht ihren Mann tadelnd an.
„Mit deinen Schauergeschichten machst du dem Jungen doch bloß Angst.“
„Ach, was“, lacht Albert.
Dann winkt er Fritz zu: „Das werden wir gleich herausfinden.
Los, auf ins *Höhlen*abenteuer.“

Fritz zögert kurz. Dann läuft er weiter.
„Ich bin viel schneller *oben* als ihr!“, ruft er.
Der *Höhlen*eingang befindet sich *unter* einem schattigen Felsvorsprung. Gundula und Albert lassen Fritz den Spaß, der Schnellste zu sein. Gemütlich steigen sie den Weg nach *oben*.

Vor dem Eingang zur *Höhle* holen die beiden ihren Sohn wieder ein. Jetzt müssen sie erst einmal Eintritt bezahlen. Dann kann es losgehen. Der *Höhlen*führer geht voran. Fritz knipst seine Taschenlampe an. Er tritt nach dem Mann durch die Felsenpforte. Zuerst geht es hundert Meter geradeaus. Dann führt eine steile Treppe nach *unten*.
„Gibt es hier wirklich *Gespenster*?“, flüstert Fritz.

Der Lichtkegel seiner Lampe fährt nach *oben* zur Decke der *Höhle*. Dann leuchtet Fritz den Boden *unter* seinen Füßen an. „Nein, keine Angst“, meint Gundula. „Das mit den *Gespenstern* war nur ein Spaß von Papa.“

Vor ihnen tauchen weißgelb glänzende Tropfsteine auf. Wie Zuckergebäck wachsen die Stalagmiten aus dem Boden von *unten* nach *oben*.
„Die *Höhle* gibt es schon seit 150 Millionen Jahren“, sagt der *Höhlen*führer. Fritz klappt staunend seinen Mund auf.
Auch Gundula und Albert sind von der *Höhle* begeistert.

Plötzlich bleibt Fritz abrupt stehen. Gundula kann gerade noch abbremsen, ehe sie in ihren Sohn hineingerannt wäre.
„Da, da“, stottert Fritz.
Er leuchtet mit der Taschenlampe in eine Vertiefung in der Felswand. Dahinter ist ein Gerippe.
„Das *Gespenst*“, presst der Junge hervor.
Gundula tritt näher und legt ihrem Sohn eine Hand auf die Schulter.
„Das ist unser berühmter *Höhlen*bär“, erklärt der *Höhlen*führer. „Früher haben hier *unten* jede Menge Bären gelebt. Das Skelett zeugt davon.“
Fritz atmet erleichtert auf. Gundula auch.

Gundula, Albert und Fritz folgen dem Mann tiefer in die *Höhle* hinein. Eine Weile hört man nur das Knirschen der Schritte.
„Ich hab etwas gespürt“, wispert Fritz plötzlich und tastet nach

der Hand seiner Mutter. „Wohnt hier in der *Höhle* vielleicht doch ein *Gespenst*?“
Albert lacht. Das Lachen hallt von den Wänden wider.
„Das war doch bloß ein Luftzug. So was ist hier *unten* ganz normal“, sagt der *Höhlen*führer lapidar.

Gundula hält die Hand ihres Sohnes fest, als sie schließlich weitergehen. Fritz lässt das Licht der Taschenlampe vor jedem Schritt nach rechts, nach *oben*, nach links und nach *unten* wandern. Gundula reibt sich mit der freien Hand von *unten* nach *oben* über ihren Arm. Sie fröstelt. Das mag daran liegen, dass es hier in der *Höhle* keine zehn Grad sind. Aber vielleicht auch daran, dass sie immer wieder an die möglichen *Gespenster* denken muss.

Erst nach und nach kann Gundula der Schönheit der *Höhle* wieder ein wenig Aufmerksamkeit schenken. Sie legt den Kopf in den Nacken. Gundula betrachtet die großen und kleinen Stalaktiten, die von der Decke nach *unten* hängen. Sie schnuppert. Hier in der *Höhle* riecht es ein bisschen wie in dem Kartoffelkeller ihres Onkels. Feucht und ein bisschen modrig. Der *Höhlen*führer erklärt, wie die Tropfstein*höhle* entstanden ist und was es hier *unten* noch so alles zu entdecken gibt.
„Hier ist es wirklich unheimlich“, haucht Gundula.
Aber so leise, dass Fritz es nicht hören kann. Sie will ihn schließlich nicht noch mehr verunsichern.

Auf einmal ertönt ein lauter Schrei. Er kommt von Fritz.
Wie angewurzelt ist er stehen geblieben.
„Da ist ein *Gespenst* an mir vorbeigeflogen!", ruft er.
Gundula sieht, wie ihr Sohn am ganzen Leib zittert.
„Keine Angst. Das war nur eine Fledermaus. Hier *unten* leben viele von ihnen. Komm, ich zeig dir, wo sie ihren Schlafplatz haben", sagt der *Höhlen*führer und winkt Fritz zu sich.
Der Junge zögert erst. Dann siegt seine Neugier und er folgt dem Mann. Gundula versucht, Schritt zu halten. Auch wenn ihre Knie sich wie Pudding anfühlen.
„Ist ja hochinteressant", ist das Einzige, was Albert dazu sagt.

Nach einigen Metern zeigt der *Höhlen*führer nach *oben*. Fritz leuchtet mit seiner Taschenlampe zu der Stelle. Und tatsächlich: Dort hängen fünf Fledermäuse kopfüber an einem Felsvorsprung *oben* an der Decke.
„Jetzt wollen wir die Tiere aber nicht länger stören", meint der Mann und geht weiter.
Fritz lässt Gundulas Hand los. Seine Schritte sind wieder fest.
Nur Gundula sitzt der Schreck immer noch in den Knochen.

Als die Führung durch die *Höhle* zu Ende ist, treten Gundula, Albert und Fritz wieder nach draußen. Das Tageslicht hier *oben* blendet sie und sie müssen alle drei blinzeln.
Albert reibt sich die Hände.
„Das war wirklich ein tolles *Höhlen*abenteuer", brummt er zufrieden.
Gundula schüttelt nur den Kopf.

Als die drei sich wieder auf den Weg zum Auto machen, wendet sich Albert an Fritzchen. „Na, du Angsthase? Bist du froh, wieder aus der *Höhle* draußen zu sein?“, fragt er und tätschelt den Kopf seines Sohnes.
Fritz windet sich *unter* Alberts Hand hervor.
„Ich hatte gar keine Angst. Nur Mama“, meint er empört.
Er fuchtelt mit der Taschenlampe in der Luft herum.
„Im Gegenteil. Ich fand die *Höhle* spannend! Zu Hause baue ich mir gleich eine eigene *Höhle*. Mit Decken und Kissen. Und wenn ich groß bin, werde ich *Höhlen*forscher“, ist Fritz sich ganz sicher.
„Das wird ja glücklicherweise noch ein Weilchen dauern“, murmelt Gundula und streckt erleichtert ihr Gesicht der Sonne entgegen.

Auf Vincent ist Verlass

Bitte folgende Bewegungen bei den passenden Signalwörtern machen:
Signalwort *„Nein“: Arme hochnehmen und Hände über dem Kopf zusammenschlagen*
Signalwort *„Nagel“/„Nägel“: Daumen und Zeigefinger der linken Hand zum Pinzettengriff zusammenlegen und Hand hochhalten*
Signalwort *„Hammer“: rechte Hand zur Faust formen, hochhalten und auf und ab bewegen*

Vincents Schwester Elfriede zieht um. Vincent hat beim Tragen und Möbelaufbauen natürlich geholfen. Ein Regal hängt schon. Und die lockere Fußleiste ist auch wieder dran. Denn natürlich hatte Vincent *Nägel* und *Hammer* griffbereit.

Jetzt ist ein Umzugskarton übrig, der noch im Treppenhaus steht. Er muss eigentlich auch noch in die Wohnung. Aber es ist alles vollgestellt und es ist kein Platz mehr.
„Kannst du ihn bis morgen bei dir unterstellen?“, bittet Elfriede ihren Bruder. „Dann habe ich schon einiges ausgepackt und hole den Karton bei dir ab.“
Vincent kann seiner Schwester keine Bitte abschlagen. Er packt *Nägel* und *Hammer* in seine Werkzeugkiste und nimmt sie und den Umzugskarton mit.

Aber Vincent ist nicht nur hilfsbereit, sondern auch ziemlich neugierig. Er stellt die Werkzeugkiste mit *Hammer* und *Nägel* im Flur ab. Die Umzugskiste trägt er ins Wohnzimmer. Dann kann er nicht widerstehen: Vincent öffnet den Deckel.
„Was haben wir denn da alles?", fragt er und schiebt den Inhalt hin und her.

Vincent zieht ein großes Ölbild in einem massiven Holzrahmen aus der Kiste. Kaum hält er es hoch, passiert es.
„*Nein*!", ruft Vincent erschrocken.
Der Rahmen hat sich an einer Seite gelöst und Vincent hält zwei Teile in der Hand.
„Jetzt hab ich Elfriedes Bild kaputt gemacht. Oh, *nein*!"

Vincent legt die Einzelteile des Bilderrahmens auf den Boden. Wie soll er das nur Elfriede erklären?
„Ich muss den Rahmen reparieren", beschließt Vincent.
Er holt seine Werkzeugkiste. Schnell sucht er drei besonders kleine *Nägel* heraus.
„Das haben wir gleich", murmelt er.
Er klemmt die *Nägel* zwischen die Lippen. Dann setzt er den Bilderrahmen wieder zusammen. Mit der einen Hand hält er den Rahmen fest, während er mit der anderen Hand nach dem *Hammer* greift.

Vorsichtig schlägt er den ersten *Nagel* mit dem *Hammer* in die Ecke. Doch leider trifft er den *Nagel* nicht auf dem Kopf, sondern nur auf der Seite. Jetzt ist er schief. Vincent zieht den *Nagel* aus dem Holz und setzt den nächsten an.
„Ganz ruhig", murmelt er.
Mit dem *Hammer* braucht er drei sanfte Schläge. Dann ist der *Nagel* versenkt.

Vincent begutachtet sein Werk. Er rüttelt mit einer Hand am Rahmen. Leider hält er nicht.
„*Nein*!", ruft Vincent. „Das gibt es doch nicht."
Er lässt die Schultern hängen und seufzt.
„Vielleicht braucht es noch ein wenig Holzleim?", überlegt Vincent.
Er schiebt *Hammer* und *Nägel* beiseite und wühlt in der Werkzeugkiste nach dem Leim.
„*Nein*, verflixt", schimpft Vincent.
Der Holzleim ist schon ziemlich eingetrocknet.
„Moment, das haben wir gleich", murmelt er.
Mit einem *Nagel* bohrt er in die Öffnung der Leimflasche.

„Viel besser", stellt Vincent erleichtert fest.
Jetzt kann er etwas Leim auf eine Rahmenkante drücken. Vincent setzt den Rahmen wieder zusammen. Er drückt die Holzleisten fest aneinander. Zur Sicherheit klopft er auch noch mit dem *Hammer* leicht dagegen. Dann will er den Rahmen zur Seite schieben, damit der Leim trocknen kann. Dabei lösen sich die Rahmenleisten wieder voneinander.

„*Nein, nein, nein*! Das darf doch wohl nicht wahr sein!“ zetert Vincent.

„Na, gut“, meint Vincent, als er sich wieder etwas beruhigt hat. „Wie heißt es so schön? Doppelt hält besser“, sagt er und klatscht in die Hände.
Diesmal wird er den Rahmen mit Leim und *Nägeln* festmachen. Er verteilt erneut Holzleim auf der Rahmenleiste. Dann setzt er den Rahmen zusammen. Jetzt noch den *Nagel* ins Holz schlagen. Vincent holt mit dem *Hammer* aus. Kurz vor dem *Nagel* bremst er den Schwung ab und klopft ein paar Mal sachte auf den Kopf des *Nagels*.

Vincent wartet fünf Minuten. Sie kommen ihm vor wie fünf Stunden. Seine Hände sind schweißnass.
„Diesmal muss es einfach halten!“, flüstert er unablässig.
Dann traut er sich, sein Ergebnis zu prüfen. Er betrachtet den *Nagel*, der fachmännisch im Holz versenkt ist.
„Wenn das nicht hält, weiß ich auch nicht“, murmelt Vincent.
Mit zitternden Händen betastet er den Rahmen. Dann hebt er ihn hoch. Daran zu rütteln, traut er sich nicht. Stattdessen trägt er das Ölbild im Rahmen wie ein rohes Ei zum Umzugskarton.

Vorsichtig platziert er das Bild an die Stelle, an der er es aus dem Karton gezogen hat. Dann klappt er den Deckel zu und tritt schnell einen Schritt zurück. Kaum ist er damit fertig, klingelt es an der Wohnungstür.

„*Nein*, Besuch kann ich gerade gar nicht gebrauchen“, brummt Vincent.
Ob er einfach nicht aufmachen soll? Aber dann zuckt er mit den Schultern. Die restlichen *Nägel* lässt er schnell in seiner Hosentasche verschwinden. Dann eilt er in den Flur.

Vincent öffnet die Tür. Es ist Elfriede. Vincent ist überrascht.
„Was machst du denn hier?“, fragt er.
„Ich hab nun doch schon Platz gemacht und komme, um den letzten Umzugskarton abzuholen“, sagt seine Schwester und lächelt.
Dann sieht sie ihren Bruder prüfend an. „Du siehst so durcheinander aus. Alles in Ordnung?“
„*Nein*“, murmelt Vincent. Dann verbessert er sich schnell.
„Ich meine: Komm rein.“
Er hält seiner Schwester die Tür auf und beide gehen in Vincents Wohnzimmer. Mitten auf dem Teppich liegt noch der *Hammer*.
Vincent schiebt ihn unauffällig mit dem Fuß unter das Sofa.

Elfriede geht schnurstracks zum Umzugskarton. Sie öffnet ihn und zieht mit sicherem Griff das Ölbild heraus. Mit ausgestreckten Armen hält sie es hoch.
„Schön, nicht wahr?“, schwärmt sie.
„Nur leider ...“, fügt sie an und rüttelt am Bilderrahmen.
„*Nein*!“, ruft Vincent erschrocken.
Aber seine Sorge ist unbegründet. Der Rahmen hält! Elfriede sieht ihren Bruder kurz an. Dann rüttelt sie erneut am Bilderrahmen.
„Na, so was! Der Rahmen war doch kaputt. Hast du ihn repariert?“, fragt sie.

„Der war schon kaputt?", fragt Vincent erstaunt.
„Ja, schon seit einem halben Jahr. Aber jetzt ist er wieder fest", meint Elfriede und dreht das Bild im Rahmen hin und her.
„Oh, *nein*! Hätte ich das nur vorher gewusst ...", murmelt Vincent und schlägt sich mit einer Hand auf die Stirn.
„Wie, bitte?", fragt Elfriede nach.
„Ich meine: Ja, genau. Der Rahmen war kaputt. Und da hab ich ihn schnell repariert. Du weißt ja, dass ich gut mit *Hammer* und *Nägeln* umgehen kann", sagt er schnell.
Elfriede lächelt ihren Bruder dankbar an.
„Du bist einfach der Beste! Bei dir ist alles immer in guten Händen", meint sie und drückt ihrem Bruder einen Kuss auf die Wange.

Petri Heil für Hildegard

Bitte folgende Bewegungen bei den passenden Signalwörtern machen:
Signalwort „angeln"/„Angel"/„Angler": *Arme über den Kopf nehmen, Hände zusammenlegen und weit nach vorne schwingen*
Signalwort „Fisch(e)": *Handflächen zusammenlegen und vor dem Körper „schwänzelnde" Bewegungen machen*
Signalwort „Wasser": *mit dem Zeigefinger Wellen in die Luft malen*

Franz liebt *angeln*. Seine Frau Hildegard kann das gar nicht verstehen.
„Was findest du nur daran, stundenlang still zu sitzen und aufs *Wasser* zu starren?", fragt sie ein ums andere Mal.
Heute hat Franz beschlossen, seine Frau zum *Angeln* mitzunehmen. „Dann kannst du selbst erleben, wie schön es ist, einen *Fisch* an der *Angel* zu haben", meint er.
Erst will Hildegard lieber zu Hause bleiben. Aber dann verspricht Franz: „Wenn du einen *Fisch* erwischst, werde ich ihn heute Abend gleich auf den Grill legen."
Also gibt Hildegard nach.
„Das wäre doch gelacht. So schwer kann *Angeln* ja wohl nicht sein. Ich werde den größten *Fisch* aus dem *Wasser* ziehen", ist sie sich sicher.

Drei Stunden später sitzen die beiden auf Klappstühlen am Ufer des Waldsees. Dort am *Wasser* ist es ruhig. Nur ein paar Vögel zwitschern. Und die Blätter an den Bäumen rascheln in der leichten Brise.

„Schau, so nimmst du die *Angel* in die Hand", belehrt Franz seine Frau.
Er hält ihr die *Angel*rute hin und führt die genaue Bedienung vor.
„Jetzt gib schon her", sagt Hildegard ungeduldig und nimmt ihrem Mann die *Angel* aus der Hand.

Franz rollt mit den Augen. Er holt seine zweite *Angel* aus der Tasche und schwingt die *Angel*schnur ins *Wasser*.
„Ah, das ist ja wirklich nicht schwierig", stellt Hildegard fest.
Auch sie holt mit der *Angel* weit aus. Die *Angel*schnur zischt durch die Luft und der Köder landet gekonnt im *Wasser*.
„Siehst du, ist ganz einfach", grinst Hildegard und ruckelt an der *Angel*.
Franz seufzt.
„Du musst die *Angel* ruhig halten. Sonst beißt doch kein *Fisch*", meint er.
„Leise!", kommandiert Hildegard. „Du sagst doch immer, dass nur der einen *Fisch* fängt, der auch still und geduldig warten kann."

Die nächste Viertelstunde sitzen die beiden tatsächlich schweigend am *Wasser*. Franz ganz entspannt. Hildegard etwas unruhig.
„Meinst du, in dem See gibt es wirklich *Fische*?", platzt es plötzlich aus ihr heraus. „Ich meine, wir sitzen hier schon seit einer Ewigkeit und an meinem *Angel*haken baumelt immer noch nichts."
„Wenn du so laut bist, ist das auch kein Wunder. Du verjagst ja die ganzen *Fische*. Und ja, natürlich sind im *Wasser Fische*. Ich habe hier schon die größten Kaliber rausgezogen", erwidert Franz.
Hildegard sieht ihren Mann skeptisch an und runzelt die Stirn.

Einige Minuten später tut sich immer noch nichts. Die *Wasser*oberfläche des Sees liegt glatt und ohne sich zu kräuseln vor ihnen. Und keine der *Angel*schnüre zuckt auch nur einen Millimeter. Diesmal ist es Franz, der unruhig auf seinem Stuhl hin und her rutscht.
„Was ist? Hast du genug vom *Fischen*?“, fragt Hildegard und grinst.
„Nein. Ich muss mal“, murmelt Franz so leise, dass Hildegard ihre Ohren spitzen muss.
„Herrje, du mit deiner Konfirmandenblase. Tja, dann musst du dir wohl ein Plätzchen im Wald suchen“, meint sie und zuckt mit den Schultern.
Franz brummt etwas, das Hildegard nicht verstehen kann. Dann steht er auf und legt seine *Angel*rute ans Seeufer.
„Pass mal darauf auf. Ich bin gleich wieder da“, sagt er und stapft zu einer dicht stehenden Baumgruppe.

Hildegard ist viel zu beschäftigt, ihre *Angel*schnur ins *Wasser* einzutauchen und wieder herauszuziehen. Jetzt, wo Franz nicht da ist, um sie zu rügen, kann sie das in aller Ruhe machen.
„Das ist ein bisschen wie einen Teebeutel in die Tasse tauchen“, stellt Hildegard fest.
Und dabei kann sie tatsächlich gut ihren Gedanken nachhängen.
So wie Franz es immer behauptet. Na, das hätte sie nicht gedacht!
„He! Wo ist meine *Angel*?“, brüllt in dem Moment jemand neben Hildegard.
Sie fährt herum. Neben ihr steht Franz. Er gestikuliert wild in Richtung *Wasser*. Dort treibt seine *Angel*.
„Hat ein *Fisch* angebissen und die *Angel* mitgezogen?“, vermutet Hildegard zuerst.

Aber dann sehen beide, wer die *Angel* hinter sich herzieht.
„Eine Ente! Schau mal, sie hat meine *Angel* schon über den halben See gezogen", ruft Franz überrascht.

Da prustet Hildegard los.
„Na, du bist mir vielleicht ein toller *Angler*! Statt eines *Fisches* fängst du Enten!"
Franz findet das gar nicht lustig. Er holt ein trockenes Brötchen aus seiner *Angel*tasche und bricht ein Stück davon ab. Damit will er die Ente anlocken.
„Komm her! Bring die *Angel* zurück", gurrt er.
Franz wirft Stückchen um Stückchen von dem Brötchen ins *Wasser*.
Und wirklich! Die Ente kommt neugierig näher. Die *Angel* zieht sie im Schnabel mit sich.
Franz macht einen großen Schritt in den See. Seine Stiefel laufen sofort mit *Wasser* voll. Aber er kann die *Angel* greifen.
„Erwischt!", ruft er.
Die Ente lässt die *Angel*schnur los und schwimmt schnatternd davon.
„So etwas ist mir ja noch nie passiert!", brummt Franz, während er die *Angel*schnur aufrollt.

„Mir auch nicht!", ruft Hildegard neben ihm, gerade als Franz mit dem Aufrollen fertig ist.
Sie hält ihre *Angel* fest in der Hand. Die Schnur ist straff gespannt und wird nach vorne gezogen.
„Da hängt etwas dran", stellt sie fest.
„Kaum zu glauben. Du hast wirklich einen *Fisch* an der *Angel*", stellt Franz verblüfft fest. „Soll ich dir helfen, den *Fisch* rauszuziehen?"

Hildegard hantiert mit der *Angel* herum.
„Nein, ich kann das selbst. Ich will den *Fisch* alleine fangen.
Du bist heute ja mehr für Enten zuständig", japst sie vergnügt.

„Pah!", ruft Franz.
Er stellt sich mit verschränkten Armen neben seine Frau und wartet darauf, dass ihr der *Fisch* entkommt. Aber da wartet er vergebens.
Denn Hildegard schafft es, die *Angel* langsam
einzuholen. Der *Fisch* zappelt am Haken und lässt sich von ihr scheinbar mühelos aus dem *Wasser* ziehen.
„Ich habe ihn", jubelt Hildegard.
„Ich sehe es", brummt Franz und reicht ihr einen Eimer.
„Schau nur, was für ein prächtiger *Fisch*", lacht Hildegard begeistert.
Franz nickt und nimmt den *Fisch* vom Haken.
Hildegard kurbelt zufrieden die *Angel*schnur auf die Spule.
„Ich hätte nicht gedacht, dass mir *Fischen* gefällt", sagt sie dabei und klingt wirklich zufrieden.
„Jetzt freue ich mich schon darauf, dass du meinen selbst gefangenen *Fisch* grillst", lacht sie und reicht Franz die *Angel*.
„Hm", ist alles, was ihr Mann dazu sagt.

„Ach, ich kann mir gut vorstellen, dass ich dich jetzt öfter zum *Angeln* begleite", meint Hildegard, als sich beide auf den Heimweg machen.
Franz trägt die Tasche mit den *Angel*sachen und den Eimer mit dem *Fisch*. Hildegard hat die beiden Klappstühle unter den Arm geklemmt.
„Allein schon deshalb, damit ich die armen Enten vor dir beschützen kann", kichert sie.
„Wie konnte ich nur auf die Idee kommen, dich zum *Angeln* mitzunehmen?", stöhnt Franz.
„Keine Angst, das war nur Spaß. Ab sofort gehst du schön wieder alleine zum *Angeln*", meint Hildegard und klopft ihrem Mann beruhigend auf die Schulter.

Jubel auf dem Fußballplatz

Bitte folgende Bewegungen bei den passenden Signalwörtern machen:
Signalwort *„Ball": mit beiden Händen einen Kreis in die Luft malen*
Signalwort *„Tor": beide Arme nach oben strecken*
Signalwort *„links"/„linke(n)": den Kopf nach links drehen*
Signalwort *„rechts"/„rechte(n)": den Kopf nach rechts drehen*

Eberhard ist ein großer Fuß*ball*fan. Jeden Samstagnachmittag steht er am Rand des Spielfeldes. Wenn seine Mannschaft „*Ball*sport-Verein Rot-Weiß" spielt, hält ihn zu Hause nichts. Eberhards Hund Arko darf natürlich auch mit. Eberhard steht hinter der Außenlinie neben dem *rechten Tor*. Arkos Leine hat er wie immer um sein Handgelenk gewickelt. So hat er seine Hände frei, um zu klatschen und mitzujubeln.

„Schau, Arko! Da *links* in den grünen Trikots laufen die Gegner ein. Diesmal haben sie keine Chance", ist sich Eberhard sicher.
Der Schiedsrichter tritt von der *rechten* Seite auf den Platz. Er legt den *Ball* auf den Anstoßpunkt.
„Gleich geht es los", erklärt Eberhard wie immer seinem Hund das Spiel.
Der Schiedsrichter hebt die Hand und führt seine Trillerpfeife zum Mund.
Das Spiel beginnt.

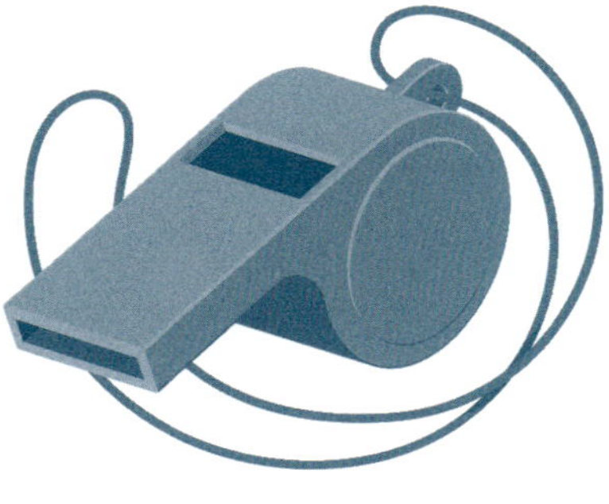

In den ersten Minuten passiert nicht viel. Der *Ball* ist mal in der *rechten*, mal in der *linken* Spielfeldhälfte. Eberhard trippelt ungeduldig auf der Stelle.
„Ob das noch etwas wird heute?", sagt jemand neben ihm.
Eberhard dreht den Kopf nach *rechts*. Dort steht der Pfarrer.
Auch er ist Stammgast auf dem Sportplatz. Ganz in leger und ohne steifen Kragen.
„Ich glaube, die haben verlernt, wie man einen *Ball* schießt", brummt Eberhard missmutig.

Der Pfarrer nickt. Da bellt Arko kurz.
„Ihr Hund ist wohl ein Fuß*ball*experte", lacht der Pfarrer.
Eberhard grinst.
„Ja, ganz das Herrchen", schmunzelt er und wirft seinem Vierbeiner einen stolzen Blick zu.
„Da!", ruft der Pfarrer plötzlich und deutet nach *links*.
Eberhard hebt ruckartig den Kopf.
„*Tor*!", schreit er laut und reißt schon die Arme hoch. Doch er hat zu früh gejubelt.
„Knapp daneben", kommentiert der Pfarrer.
Enttäuscht lässt Eberhard die Arme wieder sinken. Arko neben ihm hat seine Ohren aufgestellt und knurrt. Eberhard greift *links* nach unten und tätschelt ihm den Rücken.
„Falscher Alarm, mein Junge. Der *Ball* ging über die Latte", murmelt er, ohne das Spiel aus den Augen zu lassen.

Doch es gibt keine einzige spannende Szene zu sehen. Nur langweilige *Ball*wechsel. Eberhard lässt seine Schultern hängen. Dann schaut er sich um. *Links* von ihm steht Bäcker Friedmann. Und gegenüber kann er Müller von der Versicherung erkennen. Auch sie schauen gelangweilt drein. Die ersten 45 Minuten plätschern dahin, ohne dass der *Ball* noch einmal in die Nähe eines *Tores* kommt. Der Schiedsrichter bereitet dem Elend ein Ende und pfeift ab.
„Halbzeit. Und kein einziges *Tor*“, beschwert sich der Pfarrer.

Eberhard nickt ihm zu, wickelt Arkos Leine vom Arm und nimmt sie in die Hand. Mit seinem Hund dreht er eine Runde um den Platz. Er grüßt einmal nach *rechts*, dann mal nach *links*. Am Würstchenstand kauft er sich eine Bockwurst. Die Hälfte davon bekommt Arko.
„Ich hoffe, wir bekommen jetzt mal ein *Tor* zu sehen“, raunt Eberhard seinem Hund zu, während sie diesmal neben dem *linken Tor* einen Platz suchen. Der Pfarrer steht schon dort.
Er dreht den Kopf nach *rechts* und nickt Eberhard zu.

Kaum hat der Schiedsrichter die zweite Halbzeit angepfiffen, kommt Bewegung in das Spiel. Der Stürmer von Rot-Weiß gewinnt den ersten Zweikampf. Er dribbelt *links* mit dem *Ball* zwischen den Gegnern hindurch.
„Jetzt aber!“, schreit Eberhard.
Und tatsächlich! Der Spieler passt den *Ball* zu seinem Kollegen.
Der holt aus und schießt.
„*Tor*!“, jubelt Eberhard.
„*Tor*! *Tor*!“, wird er vom Pfarrer übertönt.
„Eins zu null für uns“, erklärt Eberhard seinem Hund.

Doch die Freude hält nicht lange an. Der Gegner hat Anstoß. Die Spieler des *Ball*sport-Vereins Rot-Weiß passen einen Augenblick nicht auf. Schon haben sie das Nachsehen. Der *Ball* nähert sich gefährlich dem eigenen *Tor*.
„Nein!", brüllt Eberhard. „Wo ist denn die Abwehr?"
Arko, der bisher ruhig neben Eberhard saß, fängt zu winseln an.
Der Gegner schießt. Der *Tor*wart hat keine Chance. Die andere Mannschaft landet einen Treffer!
„*Tor*! *Tor*!", rufen die Anhänger auf der anderen Spielfeldseite.
„Verflucht noch mal", brummt Eberhard.
„Na, na", ermahnt ihn der Pfarrer. „Das ist noch lange kein Grund, zu fluchen."
„Ja, ja", meint Eberhard verlegen und hält dann den Mund.

Das Spiel geht weiter. Es steht eins zu eins. Wieder hat Rot-Weiß den *Ball*.
„Schieß doch!", ruft Eberhard ins Spielfeld.
„Aus. Das gibt Ecke", meint der Pfarrer und deutet nach *links*.
Die 90. Minute bricht gleich an. Es will und will einfach kein weiteres *Tor* fallen. Eberhard beobachtet, wie der Schiedsrichter auf seine Uhr sieht und nach der Trillerpfeife greift. Eberhard wird immer unruhiger. Und Arko auch. Der Hund hat sich aufgerichtet und den Kopf schief gelegt.

Plötzlich spürt Eberhard einen Zug um das Handgelenk. Er schaut nach *links* unten. Und kann gerade noch erkennen, dass Arko sich losgerissen hat. Der Hund stürmt aufs Spielfeld. Direkt auf den *Ball* zu. Dabei zieht er seine Leine hinter sich her.
„Arko! Komm zurück!", schreit Eberhard.
Die Zuschauer drehen ihre Köpfe.

Die Spieler bleiben alle wie angewurzelt stehen. Einer wäre beinahe von Arko überrannt worden.
„Wo kommt denn jetzt der Köter her?", ruft der Schiedsrichter und beginnt, hektisch in seine Trillerpfeife zu blasen.
Doch davon lässt sich Arko nicht abhalten. Fassungslos sieht Eberhard zu, wie sein Hund den *Ball* erreicht und ihn mit der Schnauze anschiebt. Zielstrebig rennt er damit nach *links*.
Arko gibt dem *Ball* einen weiteren Stoß. Das Leder rollt über die *Tor*linie.

„*Tor*!", lachen einige Zuschauer.
„Das darf doch wohl nicht wahr sein!", schreien andere.
„Das gilt nicht. Das *Tor* wird nicht gezählt. Wem gehört diese Töle?", brüllt der Schiedsrichter.
Er rennt an Arko vorbei zum *linken Tor* und schnappt sich den *Ball*.
Eberhard zieht den Kopf ein. Am liebsten wäre er im Erdboden versunken. Aber da meldet sich auch schon der Pfarrer zu Wort.
„Der Hund gehört zu ihm", ruft er dem Unparteiischen zu und deutet nach *rechts* auf Eberhard.

„Sie?", brüllt der Schiedsrichter und deutet mit dem Zeigefinger auf Eberhard.
Der nickt betreten, setzt mühsam einen Fuß vor den anderen und schlurft auf Arko zu.
„Komm zu Herrchen", murmelt er dabei.
Er greift nach der Leine und hält sie fest. Arko schaut ihn aus unschuldigen Augen an. Jetzt kommen der Schiedsrichter und alle Spieler näher und bauen sich vor Eberhard auf.
„Das wird Konsequenzen haben", zischt der Unparteiische. Plötzlich steht auch der Pfarrer auf dem Spielfeld.
„Aber, aber, meine Herren. Jetzt beruhigen wir uns alle erst einmal. Das Spiel war doch ohnehin schon zu Ende. Oder irre ich mich da?", meint der Seelsorger und schaut erst nach *rechts* und dann nach *links* in die Gesichter der Männer.

Dem Herrn Pfarrer will niemand widersprechen. Es ist ein paar Augenblicke still. Dann führt der Schiedsrichter seine Pfeife zum Mund und bläst hinein.
„Das Spiel ist aus!", ruft er.
Dann gehen alle vom Platz. Eberhard auch. Mit Arko an der Leine. Der Pfarrer geht neben ihm.
„Das ungültige *Tor* Ihres Hundes war das Unterhaltsamste am ganzen Spiel", lacht er und klopft Eberhard auf die Schulter.
„Und Sie hatten Recht: Ihr Hund ist wirklich ein echter Fuß*ball*-experte."
Eberhard grinst schief. Er ist sich nicht sicher, ob er seinen Fuß*ball*-Expertenhund zum nächsten Spiel nicht lieber zu Hause lässt.

Kapitel 4

Bewegungsreimgeschichten

Die folgenden Bewegungsreimgeschichten beinhalten passende, immer gleiche Bewegungen zu Reimen im Text. Die Geschichten sind so aufgebaut, dass Sie als Vorleser*in die Bewegungen während des Lesens vormachen und Ihre Teilnehmenden diese dann nachmachen können. Die jeweiligen Bewegungsimpulse finden Sie, farblich hervorgehoben, in Klammern unter dem jeweiligen Reim.

Auf die Plätzchen, fertig, los!

Es gibt Leute, die backen nur in der Weihnachtszeit Plätzchen. Isolde findet, dass man das süße Gebäck das ganze Jahr über backen kann. Deshalb gibt es bei ihr Osterkekse, Sommerplätzchen, Herbstknabbereien und natürlich auch Weihnachtsgebäck. Ihre Familie freut sich darüber. Weil ihr Sohn Stefan und ihre Tochter Claudia ebensolche Naschkatzen sind wie ihr Mann Friedhelm.

Gerade hat Isolde alle Zutaten abgewogen und bereitet den Teig vor. Der Ofen ist schon vorgeheizt. Der Teigroller liegt bereit. Mit einem Fuß schiebt Isolde den Hundenapf von Willi beiseite. Dann knetet sie mit kräftigen Bewegungen den Teig zu einem geschmeidigen Klumpen, den sie dann verarbeitet. Dabei murmelt sie unablässig vor sich hin:

Erst alles kneten
mit viel Kraft,
mit viel Kraft,
gleich ist es geschafft!
(mit den Händen Knetbewegungen machen)

Den Teig ausrollen,
hin und her,
hin und her,
ist ja gar nicht schwer!
(mit beiden Händen einen
imaginären Teigroller rollen)

Die Plätzchen stechen,
Baum und Stern,
Baum und Stern,
die mögen alle gern!
(mit den flachen Händen auf den Tisch klopfen)

Aufs Blech damit, ja,
das ist fein,
das ist fein,
und in den Ofen rein!
(die flachen Hände auf dem Tisch nach vorne schieben)

Fertig! Zufrieden wischt Isolde ihre Hände an der Schürze ab. Wenige Minuten später zieht ein wunderbarer Duft durchs ganze Haus. Vorsichtig nimmt Isolde das Blech mit den fertigen Plätzchen aus dem Ofen. Bevor sie die Kekse verzieren kann, müssen sie erst abkühlen. Darum stellt Isolde das Blech in den Flur auf den Boden. So macht sie das immer. In der Zwischenzeit kann sie die Wäsche aufhängen. Isolde geht in den Keller. Die Arbeit dauert länger als gedacht. Eine halbe Stunde später kommt sie die Treppe hoch. Doch was ist das? Das Blech im Flur ist leer! Kein einziges Plätzchen liegt mehr darauf. Nur ein paar Krümel. „Bestimmt waren das Stefan und Claudia! Diese Lausebengel!“, ruft Isolde.
Aber dann nimmt sie es mit Humor und geht in die Küche. „Ich werde einfach schnell noch ein Blech machen“, murmelt sie, geht in die Küche und macht sich wieder an die Arbeit.

Erst alles kneten
mit viel Kraft,
mit viel Kraft,
gleich ist es geschafft!
(mit den Händen Knetbewegungen machen)

Den Teig ausrollen,
hin und her,
hin und her,
ist ja gar nicht schwer!
(mit beiden Händen einen imaginären Teigroller rollen)

Die Plätzchen stechen,
Baum und Stern,
Baum und Stern,
die mögen alle gern!
(mit den flachen Händen auf den Tisch klopfen)

Aufs Blech damit, ja,
das ist fein,
das ist fein,
und in den Ofen rein!
(die flachen Hände auf dem Tisch nach vorne schieben)

Isolde sieht durch das Ofenfenster den Keksen dabei zu, wie sie langsam eine goldgelbe Farbe annehmen. Dann holt sie das Blech mit den fertigen Plätzchen heraus und stellt es wieder in den Flur.

„Diesmal werde ich wie ein Luchs aufpassen, damit sie niemand aufisst", beschließt Isolde und lehnt sich im Flur hinter der Ecke an die Wand. Da klingelt das Telefon. Isolde geht ins Wohnzimmer, um abzuheben. Es ist Tante Erika. Wie immer dauert das Gespräch länger. Kaum hat Isolde aufgelegt, eilt sie zurück in den Flur.
„Das gibt es doch nicht!", ruft sie ärgerlich.
Wieder ist das Blech leer! Diesmal hat der Dieb ein halbes Plätzchen übrig gelassen.
„Jetzt reicht es!", schimpft Isolde.
Aber morgen kommt doch Tante Erika! Da soll es Gebäck zum Kaffee geben. Isolde seufzt und macht sich wieder an die Arbeit. Diesmal klingt sie kein bisschen fröhlich, als sie ihren Spruch vor sich hinmurmelt:

Erst alles kneten
mit viel Kraft,
mit viel Kraft,
gleich ist es geschafft!
(mit den Händen Knetbewegungen machen)

Den Teig ausrollen,
hin und her,
hin und her,
ist ja gar nicht schwer!
(mit beiden Händen einen imaginären Teigroller rollen)

Die Plätzchen stechen,
Baum und Stern,
Baum und Stern,
die mögen alle gern!
(mit den flachen Händen auf den Tisch klopfen)

Aufs Blech damit, ja,
das ist fein,
das ist fein,
und in den Ofen rein!
(die flachen Hände auf dem Tisch nach vorne schieben)

Als die fertigen Plätzchen wieder zum Abkühlen im Flur stehen, duckt Isolde sich hinter der Kommode. Wer von den Kindern ist wohl der Dieb? Ob es Stefan war? Oder Claudia? Es wird doch nicht der Hund sein! Da hört sie, wie sich jemand anschleicht. Isolde beugt sich nach vorne. Das gibt es doch nicht!
„Friedhelm!", ruft sie entrüstet und kommt aus ihrem Versteck hervor.
Erschrocken zieht Isoldes Mann seine Hand zurück.
„Ich wollte doch nur kosten", meint er kleinlaut.
„Kosten? Aber du hast doch schon zwei Bleche voll Kekse aufgefuttert!", schimpft Isolde.
Friedhelm nickt zögernd.
„Bei deinen Plätzchen kann ich einfach nicht widerstehen", murmelt er verlegen.
Erst will Isolde losschimpfen. Aber dann überlegt sie es sich anders.

„Ich zeig dir jetzt, wie Plätzchenbacken geht. Das nächste Mal wirst du nämlich das Backen übernehmen", sagt sie bestimmt und winkt ihren Mann mit sich in die Küche.
Dann stellt sie alles bereit und beginnt, zu erklären:

Erst alles kneten
mit viel Kraft,
mit viel Kraft,
gleich ist es geschafft!
(mit den Händen Knetbewegungen machen)

Den Teig ausrollen,
hin und her,
hin und her,
ist ja gar nicht schwer!
(mit beiden Händen einen imaginären Teigroller rollen)

Die Plätzchen stechen,
Baum und Stern,
Baum und Stern,
die mögen alle gern!
(mit den flachen Händen auf den Tisch klopfen)

Aufs Blech damit, ja,
das ist fein,
das ist fein,
und in den Ofen rein!
(die flachen Hände auf dem Tisch nach vorne schieben)

Überraschung für Ute

Konrads Frau Ute liebt Überraschungen. Deshalb hat Konrad etwas geplant.
„Da wirst du staunen", tut er ganz geheimnisvoll.
„Was ist es denn?", will Ute wissen.
„Na, wenn ich dir das sage, dann ist es ja keine Überraschung mehr", lacht Konrad.

Er weiß, dass sich Ute schon lange neue Vorhänge für das Wohnzimmer wünscht. Deshalb hat er seine Schwester Helga eingeweiht. Sie wird einen Stoff besorgen und die Vorhänge nähen.
„Aber erst musst du alles genau ausmessen", hat Helga ihrem Bruder aufgetragen.
Sie hat ihn genau informiert, welche Maße sie braucht. Konrad wartet jetzt auf den richtigen Moment. Denn von dem Ausmessen soll seine Frau ja nichts mitbekommen.

„Ich gehe einkaufen!", beschließt Ute nach dem Frühstück.
Endlich! Das ist die Gelegenheit. Konrad lauscht. Als die Wohnungstür ins Schloss fällt, macht er sich an die Arbeit. Er kramt das Metermaß aus der Schublade im Flur. Dann holt er noch Zettel und Stift. Jetzt kann es losgehen. Konrad rückt einen Stuhl ans Fenster und steigt hoch. Während er den Zollstock anlegt, murmelt er:

Oben messen,
(die Arme hochstrecken)
unten messen,
(die Arme nach unten strecken)

und den Saum
auch nicht vergessen.
(beide Arme zu den Seiten ausstrecken)

Linke Seite,
(den linken Arm weit zur Seite ausstrecken)
rechte Seite,
(den rechten Arm weit zur Seite ausstrecken)
und notieren:
Länge, Breite!
(Schreibbewegung in der Luft machen)

Gerade will Konrad die ersten Messwerte aufschreiben. Da hört er, wie die Wohnungstür aufgeht.
„Oh, nein! Ute kommt zurück", presst er hervor.
Er schwankt. Im letzten Moment findet er wieder sein Gleichgewicht.
Mit zitternden Knien steigt er vom Stuhl.
„Das hätte mir gerade noch gefehlt, dass ich mir wegen der Überraschung alle Knochen breche", murmelt Konrad.
Schnell rückt er den Stuhl zur Seite und versteckt Metermaß und Zettel hinter seinem Rücken. Im nächsten Moment betritt Ute das Wohnzimmer.
„Ich hab nur meine große Einkaufstasche vergessen", sagt sie.
Dann legt sie den Kopf schief.

„Was machst du denn hier? Hat das etwas mit der Überraschung zu tun?“, will sie wissen.
Konrad schüttelt den Kopf. Gut, dass er sofort eine Ausrede parat hat. Konrad wendet sich schnell zum Fenster und klappt es auf.
„Ich lüfte. Das siehst du doch“, sagt er.
Ute nickt.
„Ach, ich bin ja schon so neugierig“, kichert sie.
Dann winkt sie Konrad zu und ist auch schon wieder verschwunden.
Kaum fällt die Tür ins Schloss, klettert Konrad erneut auf den Stuhl.
„Also noch mal von vorne“, sagt er und hebt den Zollstock hoch.

Oben messen,
(die Arme hochstrecken)
unten messen,
(die Arme nach unten strecken)
und den Saum
auch nicht vergessen.
(beide Arme zu den Seiten ausstrecken)

Linke Seite,
(den linken Arm weit zur Seite ausstrecken)
rechte Seite,
(den rechten Arm weit zur Seite ausstrecken)
und notieren:
Länge, Breite!
(Schreibbewegung in der Luft machen)

Konrad wirft beim Messen einen Blick aus dem Fenster. Unten geht eine Frau mit einem blauen Mantel vorbei. Seine Frau Ute hat auch so einen. Konrad zieht den Kopf ein. Vorsichtig linst er hinter den alten Gardinen nach draußen.
„Nein, das ist nicht Ute", stellt er erleichtert fest.
„Wie war die Breite noch gleich?", grübelt Konrad dann.
Vor lauter Aufregung hat er die Maße einfach vergessen. Konrad seufzt. Dann fängt er wieder von Neuem an zu messen.

Oben messen,
(die Arme hochstrecken)
unten messen,
(die Arme nach unten strecken)
und den Saum
auch nicht vergessen.
(beide Arme zu den Seiten ausstrecken)

Linke Seite,
(den linken Arm weit zur Seite ausstrecken)
rechte Seite,
(den rechten Arm weit zur Seite ausstrecken)
und notieren:
Länge, Breite!
(Schreibbewegung in der Luft machen)

Diesmal merkt sich Konrad alle Zahlen. Er klettert vom Stuhl und notiert alles auf seinem Zettel.

„Breite eins sechzig. Hm, ich weiß nicht“, murmelt Konrad. „Vielleicht sollte ich vorsichtshalber noch einmal nachmessen“, überlegt er.
Also klettert er wieder auf den Stuhl und legt das Metermaß an.

Oben messen,
(die Arme hochstrecken)
unten messen,
(die Arme nach unten strecken)
und den Saum
auch nicht vergessen.
(beide Arme zu den Seiten ausstrecken)

Linke Seite,
(den linken Arm weit zur Seite ausstrecken)
rechte Seite,
(den rechten Arm weit zur Seite ausstrecken)
und notieren:
Länge, Breite!
(Schreibbewegung in der Luft machen)

Als er fertig ist, vergleicht er die Messergebnisse mit seinen Notizen. „Hat doch gestimmt“, sagt er zufrieden.
Konrad steckt den Notizzettel in die Hosentasche und räumt Stuhl und Zollstock weg. Im Flur greift er zum Telefonhörer. Er will gleich Helga anrufen und ihr alles durchgeben. Konrad dreht die Wählscheibe. Doch da hört er, wie sich der Schlüssel im Schloss der Wohnungstür dreht. Schnell legt er den Hörer auf die Gabel und setzt einen

unschuldigen Blick auf. Ute betritt die Wohnung. Über ihrem Arm hängt eine prall gefüllte Einkaufstasche. Ute tritt auf Konrad zu und reicht ihm die Tasche.
„Kannst du mir die mal abnehmen", meint sie und schlüpft aus ihrem blauen Sommermantel.
„Was hast du denn Schönes gekauft?", will Konrad wissen und schielt in die Tasche.
„Du wirst es nicht glauben, mein Liebling. Ich war nur schnell bei ‚Stoff Schneider'. Und stellt dir vor: Die hatten den perfekten Stoff für neue Wohnzimmervorhänge. Da habe ich gleich zugeschlagen. Ich freue mich schon, endlich neue Vorhänge zu nähen. Was sagst du dazu?", sagt sie und strahlt ihren Mann an.

Konrad sagt nichts. Er starrt seine Frau nur an und lässt die Schultern hängen.
„Jetzt bist du sprachlos, was?", lacht Ute.
„Heute ist ein guter Tag", meint sie dann. „Ich bin ja auch schon so gespannt auf deine Überraschung. Magst du mir nicht langsam verraten, was es ist?"

© Rvector – Shutterstock.com

Wie ist das Wandern schön!

„Ist das herrlich!“, ruft Manfred begeistert.
Manfred stellt das Auto auf dem Wanderparkplatz ab, steigt aus und streckt sich.
(die Arme ausbreiten und nach oben strecken)

Manfreds Frau Erika ist heute bei ihrer Schwester Paula. Weil Samstag ist und Manfred freihat, will er mit seinen Kindern Ulrich und Rosi eine schöne Wanderung unternehmen. Aber die beiden sind nicht besonders glücklich darüber.
„Auf geht's, ihr beiden“, sagt er durch die offene Autotür.
Er rückt seinen Kordhut auf dem Kopf zurecht.
(mit einer Hand einen imaginären Hut auf dem Kopf zurechtrücken)

Manfreds Rucksack liegt auf der Rückbank zwischen seinen Kindern.
Er greift danach und schnürt ihn zu.
(mit den Fingern eine imaginäre Schleife binden)

„Müssen wir wirklich mit?“, fragt Sohnemann Ulrich.
Er zieht ein langes Gesicht und klettert widerwillig vom Rücksitz.
„Schwimmen gehen wäre viel schöner!“, beschwert sich Tochter Rosi.
„Jetzt hört schon auf zu nörgeln. Wandern macht Spaß“, sagt Manfred.
Er drückt die Knöpfe an den Autotüren nach unten und macht sich auf den Weg.
Missmutig traben die beiden hinter ihrem Vater her.
(auf der Stelle oder im Sitzen gehen)

„Mutti vergnügt sich bei Tante Paula und wir müssen das jetzt ausbaden", mault Rosi.
„Ich kann euch hören!", ruft Manfred über seine Schulter.
(den Kopf über die Schulter nach hinten drehen)

Manfred ist bereits ein ganzes Stück vor seinen Kindern. Der erste Anstieg kostet all seinen Atem. Aber als er ihn geschafft hat und wieder Luft bekommt, stimmt er sein liebstes Wanderlied an:

Mein Vater war ein Wandersmann
(mit einem Finger auf eine andere Person deuten)
und mir steckt's auch im Blut.
(mit einem Finger auf sich selbst zeigen)
Drum wandre ich flott, solang ich kann,
(die Arme wie beim Gehen hin- und herschwingen)
und schwenke meinen Hut.
(mit der rechten Hand einen imaginären Hut vom Kopf ziehen und in der Luft schwenken)
Heidi! Heida!
Heidi! Heida, ha, ha, ha, ha, ha, ha!
Heidi! Heida!
(im Takt mitschunkeln)
Und schwenke meinen Hut.
(mit der rechten Hand einen imaginären Hut vom Kopf ziehen und in der Luft schwenken)

Als das Lied zu Ende ist, wartet Manfred auf seine Kinder. Kaum haben Ulrich und Rosi aufgeschlossen, geht Manfred summend weiter.
„Jetzt trällert er auch noch diese ollen Kamellen", murmelt Ulrich und rollt mit den Augen.
„Ein bisschen mehr Respekt, junger Mann", weißt Manfred seinen Sohn zurecht.
„Aber das Wandern wird mit deiner Singerei auch nicht besser", meint Rosi.
„Doch. Probiert es mal aus", lacht Manfred und stimmt das Wanderlied erneut an.

Mein Vater war ein Wandersmann
(mit einem Finger auf eine andere Person deuten)
und mir steckt's auch im Blut.
(mit einem Finger auf sich selbst zeigen)
Drum wandre ich flott, solang ich kann,
(die Arme wie beim Gehen hin- und herschwingen)
und schwenke meinen Hut.
(mit der rechten Hand einen imaginären Hut vom Kopf ziehen und in der Luft schwenken)
Heidi! Heida!
Heidi! Heida, ha, ha, ha, ha, ha, ha!
Heidi! Heida!
(im Takt mitschunkeln)
Und schwenke meinen Hut.
(mit der rechten Hand einen imaginären Hut vom Kopf ziehen und in der Luft schwenken)

Noch dreimal singt Manfred. Aber keines seiner Kinder singt mit. Dann haben die drei den Berggipfel erreicht. Manfred zieht seinen Rucksack von den Schultern.
(mit den Armen aus imaginären Rucksackschlaufen schlüpfen)

Er lehnt ihn an das Gipfelkreuz und beginnt, die Brotzeit auszupacken.
In dem Augenblick kommt ein anderer Wanderer vorbei. Er winkt zum Gruß. Manfred stellt die Brotdose ab und beginnt, die letzten Takte des Wanderliedes anzustimmen:

Heidi! Heida!
Heidi! Heida, ha, ha, ha, ha, ha, ha!
Heidi! Heida!
(im Takt mitschunkeln)
und schwenke meinen Hut.
(mit der rechten Hand einen imaginären Hut vom Kopf ziehen und in der Luft schwenken)

Der andere Wanderer ist längst weitergegangen. Dennoch zieht Manfred seinen Kordhut vom Kopf und winkt. Ulrich schlägt die Hände vors Gesicht.
„Wie peinlich", murmelt er.
(beide Hände vors Gesicht legen)

In dem Moment erfasst eine Windböe Manfreds Hut und reißt ihn aus seiner Hand. Im nächsten Augenblick segelt der Hut durch die Luft. Rosi tippt ihrem Bruder auf die Schulter.
(mit dem rechten Zeigefinger auf die linke Schulter tippen)

„Schau mal", sagt sie und deutet dem Hut hinterher.
Dann fängt sie prustend an, zu lachen.
„Oh, nein", stöhnt Manfred und legt beide Hände auf den Kopf.
(beide Hände auf den Kopf legen)

„Los, den kriegen wir!", ruft Ulrich begeistert und rennt los.
Rosi flitzt hinterher. Beide jagen dem Hut nach. Sie klettern über Hügel und Felsen. Rosi macht einen kleinen Satz und streckt die Arme nach oben.
(die Arme nach oben strecken)

„Erwischt!", jubelt sie, als sie den Hut zu fassen bekommt.
Triumphierend kommen die beiden zu Manfred zurück. Rosi überreicht ihrem Vater feierlich seinen Hut.
„Das hat Spaß gemacht", lacht Ulrich.
„Ich sag doch: Wandern macht Spaß", murmelt Manfred.
Er greift nach dem Hut und setzt ihn wieder auf den Kopf.
(mit einer Hand einen imaginären Hut auf den Kopf setzen)

„Naja, Wandern ist eigentlich schon ziemlich öde. Aber wenn ein bisschen was los ist, dann ist es schon in Ordnung", gibt Rosi zu.
Manfred nickt. Seine Kinder wird er wohl nicht mehr für das Wandern begeistert. Aber wenigstens sind sie jetzt zufrieden

und haben ihren Spaß. Wenn auch auf seine Kosten. Während die drei ihre Brote essen, kichern und gackern Rosi und Ulrich. Sie erzählen die Jagd nach dem Hut wieder und wieder. Manfred kann nur den Kopf schütteln.
(den Kopf schütteln)

Der Abstieg klappt dann ohne Gemurre und Gemaule. Immer noch grinsend, gehen Rosi und Ulrich neben Manfred her. Sie singen sogar mit, als Manfred erneut sein Wanderlied anstimmt:

Mein Vater war ein Wandersmann
(mit einem Finger auf eine andere Person deuten)
und mir steckt's auch im Blut.
(mit einem Finger auf sich selbst zeigen)
Drum wandre ich flott, solang ich kann,
(die Arme wie beim Gehen hin- und herschwingen)
und schwenke meinen Hut.
(mit der rechten Hand einen imaginären Hut vom Kopf ziehen und in der Luft schwenken)
Heidi! Heida!
Heidi! Heida, ha, ha, ha, ha, ha, ha!
Heidi! Heida!
(im Takt mitschunkeln)
und schwenke meinen Hut.
(mit der rechten Hand einen imaginären Hut vom Kopf ziehen und in der Luft schwenken)

Bei den letzten Takten raunt Ulrich seinem Vater zu: „Behalt deinen Hut diesmal lieber auf."
Rosi kichert und singt noch einmal aus voller Brust:

Drum wandre ich flott, solang ich kann,
(die Arme wie beim Gehen hin- und herschwingen)
und schwenke meinen Hut.
(mit der rechten Hand einen imaginären Hut vom Kopf ziehen und in der Luft schwenken)
Heidi! Heida!
Heidi! Heida, ha, ha, ha, ha, ha, ha!
Heidi! Heida!
(im Takt mitschunkeln)
Und schwenke meinen Hut.
(mit der rechten Hand einen imaginären Hut vom Kopf ziehen und in der Luft schwenken)

© pichayasri – Shutterstock.com

So ein Zirkus!

Ein Zirkus ist in der Stadt!
„Können wir da heute Nachmittag hingehen? Bitte, Mama!“, bettelt Wolfgang, kaum dass er seine Hausaufgaben erledigt hat.
Weil Hannelore so schlecht Nein sagen kann, stehen die beiden eine Stunde später am Kassenhäuschen vor dem Zirkuszelt in der Schlange. Hannelore und Wolfgang ergattern einen Platz auf der Holzbank in der ersten Reihe. Die Vorstellung beginnt. Wolfgang beobachtet mit offenem Mund, wie der Zirkusdirektor die Manege betritt. Das Publikum klatscht. Wolfgang rutscht begeistert auf der Bank hin und her.
(auf dem Stuhl hin- und herrutschen)

Der Direktor rückt seinen Zylinder zurecht. Dann beginnt er mit seiner Begrüßung:

Achtung, Achtung, aufgepasst!
(die Arme zur Seite ausbreiten)
Attraktionen, Spannung, Spaß!
(im Takt klatschen)

Hier gibt es Clowns und Akrobaten.
(einen Zeigefinger ausgestreckt in die Luft halten)
Augen auf, kann ich nur raten!
(die flache rechte Hand über die Augen legen)

Wir laden Sie heut alle ein
(den ausgestreckten Arm von rechts nach links bewegen)
zum Staunen und Begeistertsein.
(die Arme nach oben halten)

Ich zähle eins und zwei und drei
(mit den Fingern bis drei zählen)
und rufe laut: Manege frei!
(den rechten Arm mit der Handfläche nach oben nach vorne strecken)

„Schau nur!", staunt Wolfgang, als der erste Akrobat in einem glänzenden Turnanzug durch den Vorhang tritt.
Er hat ein Fahrrad dabei. Damit beginnt er, im Kreis zu fahren.
„Das kann ich auch!", ruft Wolfgang laut.
Das Publikum lacht. Hannelore streichelt ihrem Sohn schmunzelnd über den Kopf.
Als der Akrobat sich auf den Fahrradsattel stellt und freihändig seine Kreise zieht, bekommt Wolfgang große Augen. Dann macht der Akrobat einen Salto bei voller Fahrt vom Rad. Wolfgang klatscht am lautesten von allen.
(in die Hände klatschen)

Nach der Nummer betritt wieder der Zirkusdirektor die Manege. Und wieder sagt er seinen Vers auf:

Achtung, Achtung, aufgepasst!
(die Arme zur Seite ausbreiten)
Attraktionen, Spannung, Spaß!
(im Takt klatschen)

Hier gibt es Clowns und Akrobaten.
(einen Zeigefinger ausgestreckt in die Luft halten)
Augen auf, kann ich nur raten!
(die flache rechte Hand über die Augen legen)

Wir laden Sie heut alle ein
(den ausgestreckten Arm von rechts nach links bewegen)
zum Staunen und Begeistertsein.
(die Arme nach oben halten)

Ich zähle eins und zwei und drei
(mit den Fingern bis drei zählen)
und rufe laut: Manege frei!
(den rechten Arm mit der Handfläche nach oben nach vorne strecken)

Nun kommt ein Feuerkünstler. Er hat zwei brennende Fackeln dabei. Wolfgang hält die Luft an. Der Feuerspucker bläst gegen die Fackeln. Eine hohe Feuerfontäne schießt in die Luft.

„Aber das ist doch gefährlich! Mit Feuer spielt man nicht!", schreit Wolfgang dem Künstler entgegen.
Das Publikum johlt. Einige klatschen. Hannelore grinst ein wenig verlegen. Nachdem sich der Feuerspucker verbeugt hat, verlässt er die Manege. Und der Zirkusdirektor kündigt die nächste Nummer an:

Achtung, Achtung, aufgepasst!
(die Arme zur Seite ausbreiten)
Attraktionen, Spannung, Spaß!
(im Takt klatschen)

Hier gibt es Clowns und Akrobaten.
(einen Zeigefinger ausgestreckt in die Luft halten)
Augen auf, kann ich nur raten!
(die flache rechte Hand über die Augen legen)

Wir laden Sie heut alle ein
(den ausgestreckten Arm von rechts nach links bewegen)
zum Staunen und Begeistertsein.
(die Arme nach oben halten)

Ich zähle eins und zwei und drei
(mit den Fingern bis drei zählen)
und rufe laut: Manege frei!
(den rechten Arm mit der Handfläche nach oben nach vorne strecken)

Hinter dem Direktor stolpert ein Clown herein. Er hat rote Locken, ein weiß geschminktes Gesicht und eine rote Nase. Ruckzuck schnappt er sich den Zylinder des Zirkusdirektors und wirft ihn in die Luft.
„Na, so was!“, lacht der Direktor.
Er fängt seinen Hut auf und überlässt dem Clown die Bühne.

Wolfgang zeigt mit dem ausgestreckten Finger auf die Füße des Clowns.
„Der hat ja viel zu große Schuhe an. Meinst du, er kann sich keine in seiner Größe leisten?“, fragt Wolfgang laut.
Wieder lachen einige Leute im Publikum.
„Ich glaube, die hat er nur an, weil es lustig ist“, flüstert Hannelore ihrem Sohn zu.
Der Clown macht einige Verrenkungen, um einen Luftballon aufzublasen. Dabei stolpert er über seine eigenen Füße. Da springt Wolfgang auf.
(vom Stuhl aufstehen und sich wieder hinsetzen)

Er hüpft über die Umrandung der Manege und läuft auf den Clown zu.
„Sie haben Ihre Schuhbänder offen. Da ist es kein Wunder, dass Sie stolpern“, sagt Wolfgang und sieht den Clown ernst an. Dann bückt er sich und beginnt, die Schnürsenkel an den riesigen Clownsschuhen zu binden.
(imaginäre Schnürsenkel binden)

Das Publikum grölt vor Lachen. Der Clown sieht Wolfgang verdutzt an. Da beginnt ein tosender Applaus.
„Ich glaube, der ist für dich", flüstert der Clown Wolfgang zu. Er dreht den Jungen in Richtung Publikum. Dann deutet er ihm an, sich zu verbeugen.
(den Oberkörper nach vorne beugen)

Als die Vorstellung zu Ende ist, verlassen alle Zuschauer das Zirkuszelt. Eine Frau klopft Wolfgang im Vorbeigehen auf die Schulter.
„Du warst das Beste an der ganzen Vorstellung", kichert sie. Wolfgang ist ein bisschen stolz darauf, dass er Teil der Zirkusvorstellung war. Wenn auch unabsichtlich. Er war ja nur hilfsbereit! Hannelore legt ihrem Sohn einen Arm um die Schultern. Beim Heimgehen murmelt Wolfgang immer wieder:

Achtung, Achtung, aufgepasst!
(die Arme zur Seite ausbreiten)
Attraktionen, Spannung, Spaß!
(im Takt klatschen)

Hier gibt es Clowns und Akrobaten.
(einen Zeigefinger ausgestreckt in die Luft halten)
Augen auf, kann ich nur raten!
(die flache rechte Hand über die Augen legen)

Wir laden Sie heut alle ein
(den ausgestreckten Arm von rechts nach links bewegen)
zum Staunen und Begeistertsein.
(die Arme nach oben halten)

Ich zähle eins und zwei und drei
(mit den Fingern bis drei zählen)
und rufe laut: Manege frei!
(den rechten Arm mit der Handfläche nach oben nach vorne strecken)

Eine Radtour, die ist lustig!

„Das wird ein Spaß“, lacht Dietmar.
Inge schiebt ihr Fahrrad aus dem Schuppen. Die beiden sind frisch verheiratet und wollen eine kleine Fahrt ins Blaue unternehmen. Sogar eine Decke und eine Tasche mit Proviant hat Dietmar auf seinen Gepäckträger gepackt.
„Wir suchen uns irgendwo ein schönes Plätzchen und machen ein gemütliches Picknick“, sagt er fröhlich.
„Ich hoffe nur, dass das Wetter hält“, meint Inge und wirft einen Blick in den Himmel.
Dietmar breitet seine Arme aus.
(die Arme zu beiden Seiten ausbreiten)

„Schönstes Fahrradwetter. Ich weiß gar nicht, was du immer hast“, sagt er und drückt seine Klingel am Lenker.
(mit dem Daumen eine imaginäre Fahrradklingel betätigen)

„Los geht's!“, ruft Dietmar und tritt in die Pedale.
(abwechselnd das rechte und das linke Bein heben)

Inge kommt kaum hinterher.
„Warte. Oder willst du alleine picknicken?“, ruft sie ihrem Mann nach.
Dietmar bremst ein wenig ab. Er wirft einen Blick über seine Schulter.
(über die linke Schulter blicken)

„Auf keinen Fall!", lacht er.
Jetzt fahren die beiden nebeneinander. Die ersten fünf Kilometer sind ein Genuss. Doch dann beginnt es tatsächlich, leicht zu tröpfeln.
„Ich hab's doch gesagt", murmelt Inge.
Dietmar zuckt lachend mit den Schultern.
(beide Schultern hochziehen und wieder fallen lassen)

Dann erfindet er kurzerhand ein kleines Gedicht, mit dem er Inge bei Laune halten will:

Mit dem Fahrrad
fahrn wir raus.
(abwechselnd das rechte und das linke Bein heben)
Uns macht der Regen
gar nichts aus.
(beide Hände schützend über den Kopf halten)

Und werden wir
auch pitschpatschnass:
(die Finger beider Hände wie „Tropfen" auf und ab bewegen)
Wir haben Freude
und viel Spaß.
(die Arme weit zur Seite ausbreiten)

Erst geht der Plan auf. Inge lacht über Dietmars Reim. Doch eine zwei Minuten später fängt es richtig an zu regnen. Inge und Dietmar halten an. Inge sieht sich nach einem Unterstand um.

„Bist du immer noch der Meinung, dass unsere Radtour Spaß macht?“, fragt sie.
Wasser tropft Inge von den Haaren.
„Ach, komm!“, lacht Dietmar. Erneut fängt er an:

Mit dem Fahrrad
fahrn wir raus.
(abwechselnd das rechte und das linke Bein heben)
Uns macht der Regen
gar nichts aus.
(beide Hände schützend über den Kopf halten)

Und werden wir
auch pitschpatschnass:
(die Finger beider Hände wie „Tropfen“ auf- und abbewegen)
Wir haben Freude
und viel Spaß.
(die Arme weit zur Seite ausbreiten)

Inge wartet das Ende des Gedichts nicht ab. Sie hat eine Scheune entdeckt. Mit langen Schritten eilt sie darauf zu. Inge lehnt ihr Fahrrad an die Holzwand und schiebt das große Scheunentor auf. Da kommt auch Dietmar hinzu.
„Na gut, dann stellen wir uns eben unter. Der Regen wird ja nicht ewig dauern“, sagt er und ist immer noch gut gelaunt.
Inge stellt sich in die Scheuneneinfahrt. Sie sieht nach draußen. Der Regen fällt wie ein dichter Schleier vom Himmel.

„Jetzt hab doch ein wenig Geduld", sagt Dietmar und legt einen Arm um Inges Schultern.
Dann flüstert er ihr ins Ohr:

Mit dem Fahrrad
fahrn wir raus.
(abwechselnd das rechte und das linke Bein heben)
Uns macht der Regen
gar nichts aus.
(beide Hände schützend über den Kopf halten)

Und werden wir
auch pitschpatschnass:
(die Finger beider Hände wie „Tropfen" auf- und abbewegen)
Wir haben Freude
und viel Spaß.
(die Arme weit zur Seite ausbreiten)

„Du bist einfach unverbesserlich", seufzt Inge.
Da zieht Dietmar die Decke und die Provianttasche hinter seinem Rücken hervor.
„Wie wäre es, wenn wir hier drinnen unser Picknick machen?
Da ist es wenigstens trocken", schlägt er vor.
Inge sieht, wie Wasser aus der Decke tropft. Auch wenn der Regen ihre Laune getrübt hat: Sie muss trotzdem lachen.

„Na, gut. Wir lassen uns den Tag nicht verderben", sagt sie und strafft ihre Schultern.
Nun suchen sich die beiden zwei Strohballen. Auf dem einen richten sie ihr Picknick an. Auf dem anderen nehmen beide Platz.
„Ist doch ganz schön!", findet Dietmar.
Und er ergänzt noch:

Mit dem Fahrrad
fahrn wir raus.
(abwechselnd das rechte und das linke Bein heben)
Uns macht der Regen
gar nichts aus.
(beide Hände schützend über den Kopf halten)

Und werden wir
auch pitschpatschnass:
(die Finger beider Hände wie „Tropfen" auf- und abbewegen)
Wir haben Freude
und viel Spaß.
(die Arme weit zur Seite ausbreiten)

Eine halbe Stunde später sind alle Brote verspeist. Und der Regen hat tatsächlich etwas nachgelassen.
„Jetzt fahren wir auf dem schnellsten Weg nach Hause", bestimmt Inge.
„Aber wir könnten doch ...", setzt Dietmar an.
Inge unterbricht ihn mit einer resoluten Handbewegung.
(eine Hand nach oben strecken)

Dietmar gibt sich geschlagen. Bei leichtem Nieselregen machen sich die beiden auf den Heimweg. Kurz bevor sie zu Hause sind, hört es auf zu regnen. Der Himmel reißt auf und die Sonne scheint hell und warm.
„Das darf jetzt nicht wahr sein“, murmelt Inge.
Als sie in der Finkenstraße auf ihr Haus zusteuern, kommt ihnen Inges Freundin Berta entgegen.
„Na, wie war denn eure Radtour?“, will sie wissen.
„Wir hatten heute hier ja strahlenden Sonnenschein“, meint sie.
Dann sieht sie Inge und Dietmar genauer an. Und stellt fest, dass beide aussehen wie getaufte Mäuse.
„Oh, ihr seid wohl in den Regen gekommen?“, fragt Berta.

Inge wirft Dietmar einen Blick zu. Dann antwortet sie: „Ich sag mal:

Mit dem Fahrrad
fahrn wir raus.
(abwechselnd das rechte und das linke Bein heben)
Uns macht der Regen
gar nichts aus.
(beide Hände schützend über den Kopf halten)

Und werden wir
auch pitschpatschnass:
(die Finger beider Hände wie „Tropfen“ auf- und abbewegen)
Wir haben Freude
und viel Spaß.“
(die Arme weit zur Seite ausbreiten)

Los geht's mit dem Frühjahrsputz!

Josef kramt in der Schublade im Flur herum.
„Was suchst du denn?", will Erna wissen.
„Meinen zweiten Manschettenknopf. Er ist verschwunden. Dabei war ich mir ganz sicher, dass er hier drin ist", brummt er, ohne aufzusehen.
„Jetzt lass mal den Knopf Knopf sein. Ich brauche deine Hilfe", sagt Erna. „Heute wird Frühjahrsputz gemacht. Und du wirst mir dabei zur Hand gehen."
„Ich? Aber ...", will Josef widersprechen.
Erna winkt ab.
(mit hochgestreckter Handfläche in der Luft winken)

Sie reicht ihm wortlos die kleine Trittleiter.
„Los. Du hängst die Vorhänge in der ganzen Wohnung ab."
Während sich Josef grummelnd an die Arbeit macht, holt Erna summend den Schrubber.

Los geht's mit dem Frühjahrsputz!
(die Hände aneinanderreiben)
Weggewischt wird aller Schmutz.
(mit der Hand über den Tisch oder die Oberschenkel wischen)

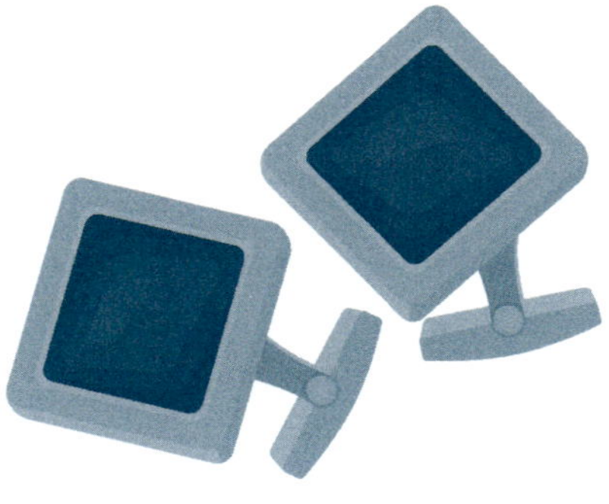

© Panda Vector – Shutterstock.com

Vorhang waschen,
(mit beiden Händen imaginäre Wäsche auswringen)
Tür lackieren,
(mit einem imaginären Pinsel in der Luft auf und ab streichen)
Betten schütteln,
(mit beiden Händen eine imaginäre Bettdecke ausschütteln)
Tisch polieren.
(mit einer Hand kräftig über den Tisch oder die Oberschenkel reiben)

Fenster putzen,
(eine Hand auf und ab bewegen)
Boden wischen,
(einen imaginären Schrubber hin- und herbewegen)
neben Schränken
und dazwischen.
(mit ausgestrecktem Arm rundherum zeigen)

Los geht's mit dem Frühjahrsputz!
(die Hände aneinanderreiben)
Weggewischt wird aller Schmutz.
(mit der Hand über den Tisch oder die Oberschenkel wischen)

Nach einer Stunde liegen alle Vorhänge im Wäschekorb.
„Kann ich mich jetzt wieder um meinen Manschettenknopf kümmern?", fragt Josef hoffnungsvoll.
„Später, mein Lieber. Schau nur, die Küchentür hat lauter Schrammen. Du wirst sie neu lackieren", bestimmt Erna.

Sie reicht ihrem Mann eine Farbdose und einen Pinsel.
(eine Hand nach vorne strecken)

Augenrollend macht Josef, wie seine Frau geheißen. Erna nimmt sich in der Zwischenzeit das Schlafzimmer vor.

Los geht's mit dem Frühjahrsputz!
(die Hände aneinanderreiben)
Weggewischt wird aller Schmutz.
(mit der Hand über den Tisch oder die Oberschenkel wischen)

Vorhang waschen,
(mit beiden Händen imaginäre Wäsche auswringen)
Tür lackieren,
(mit einem imaginären Pinsel in der Luft auf und ab streichen)
Betten schütteln,
(mit beiden Händen eine imaginäre Bettdecke ausschütteln)
Tisch polieren.
(mit einer Hand kräftig über den Tisch oder die Oberschenkel reiben)

Fenster putzen,
(Hand auf und ab bewegen)
Boden wischen,
(einen imaginären Schrubber hin- und herbewegen)
neben Schränken
und dazwischen.
(mit ausgestrecktem Arm rundherum zeigen)

Los geht's mit dem Frühjahrsputz!
(die Hände aneinanderreiben)
Weggewischt wird aller Schmutz.
(mit der Hand über den Tisch oder die Oberschenkel wischen)

Drei Stunden später sind auch alle Fenster geputzt und der Tisch in der Küche poliert. Die Regale sind abgestaubt und neu einsortiert. Erna sieht sich zufrieden um. Josef steht neben ihr und wischt sich den Schweiß von der Stirn.
(mit einer Hand über die Stirn wischen)

„Kann ich mich jetzt endlich wieder um meine Dinge kümmern?", fragt Josef ungeduldig.
„Erst wenn alle Böden gewischt sind. Kannst du schon mal unter dem Wohnzimmerschrank wischen? Da komme ich immer so schlecht ran. Ich kümmere mich um den Rest", sagt Erna.
Es ist keine Frage, sondern ein Befehl, das weiß Josef.
Also nimmt er den Putzlappen, den Erna ihm reicht. Während Erna summend den Flur wienert, geht Josef in die Knie und bückt sich ächzend nach vorne.
(den Oberkörper nach vorne beugen)

Los geht's mit dem Frühjahrsputz!
(die Hände aneinanderreiben)
Weggewischt wird aller Schmutz.
(mit der Hand über den Tisch oder die Oberschenkel wischen)

Vorhang waschen,
(mit beiden Händen imaginäre Wäsche auswringen)
Tür lackieren,
(mit einem imaginären Pinsel in der Luft auf und ab streichen)
Betten schütteln,
(mit beiden Händen eine imaginäre Bettdecke ausschütteln)
Tisch polieren.
(mit einer Hand kräftig über den Tisch oder die Oberschenkel reiben)

Fenster putzen,
(eine Hand auf und ab bewegen)
Boden wischen,
(einen imaginären Schrubber hin- und herbewegen)
neben Schränken
und dazwischen.
(mit ausgestrecktem Arm rundherum zeigen)

Los geht's mit dem Frühjahrsputz!
(die Hände aneinanderreiben)
Weggewischt wird aller Schmutz.
(mit der Hand über den Tisch oder die Oberschenkel wischen)

„So eine Schinderei. Dabei hätte ich wirklich Wichtigeres zu tun“, beschwert Josef sich murrend.
Er wischt halbherzig unter dem schweren Eichenschrank herum.
(mit der Hand über den Tisch oder die Oberschenkel wischen)

Plötzlich merkt er, wie etwas unter seinem Putzlappen über den Parkettboden schleift.
„Was liegt denn da herum?", murmelt Josef.
Er legt sich vor dem Wohnzimmerschrank auf den Bauch.
Seine Hände streckt er weit nach vorne.
(beide Hände weit nach vorne strecken)

Jetzt bekommt er das Ding zu fassen. Er zieht es unter dem Schrank hervor. Dann sieht er sich das Ding ungläubig an. Das ist ja sein zweiter Manschettenknopf! Wie kommt der denn hierher? Schnell lässt Josef den Knopf in seiner Hosentasche verschwinden. Er will lieber nicht, dass Erna mitbekommt, wohin er seinen Manschettenknopf verschusselt hat. Im nächsten Augenblick kommt seine Frau auch schon ins Wohnzimmer.

„So, fertig!", sagt sie und lächelt Josef an.
„Soll ich dir jetzt beim Suchen nach deinem Manschettenknopf helfen?", bietet sie hilfsbereit an
„Nein, nein, das ist gar nicht nötig", stottert Josef. „Du hast dir nach all der Putzerei eine Pause verdient."
„Du aber auch, mein Lieber", sagt Erna. „Es ist wirklich ganz wundervoll, dass du auch so viel Wert auf Sauberkeit und Ordnung legst."
Als Josef aufsteht, rutscht der verschwundene Manschettenknopf aus seiner Hosentasche. Klappernd fällt er direkt vor Ernas Füße auf den Boden.

Kapitel 5

Bewegungsgeschichten zum Entspannen

Die folgenden Bewegungsgeschichten zum Entspannen beinhalten passende, sanfte Bewegungen zu einzelnen Textabschnitten. Sie sind so aufgebaut, dass Sie als Vorleser*in die Bewegungen während des Lesens vormachen und Ihre Teilnehmenden diese dann nachmachen können. Die jeweiligen Bewegungsimpulse finden Sie, farblich hervorgehoben, in Klammern unter dem jeweiligen Textabschnitt.

Urlaub auf der Wiese

Regine und Klaus sind verlobt. Und nächstes Jahr wollen die beiden heiraten. Deshalb plant Regine schon die Hochzeitsfeier. Und Klaus plant die Hochzeitsreise. Doch davon will Regine nichts wissen. „Wieso sollen wir denn wegfahren? Zu Hause ist es doch am schönsten", sagt sie nur immer, wenn Klaus mit neuen Vorschlägen kommt. Aber er lässt nicht locker.

„Wie wäre es, wenn wir nach Italien ans Meer fahren würden?", meint er.
Klaus schließt träumerisch die Augen.
„Ich kann das Rauschen des Meeres schon hören, wenn ich nur daran denke", schwärmt er.
(die Augen schließen und tief ein- und ausatmen)

„Oder wir fahren in die Berge. Dort ist es herrlich! Die fantastische Aussicht – und die wunderbare Luft! Kannst du die frische Bergluft riechen?", fragt Klaus.
Er legt seine Hände auf den Bauch und atmet tief ein und aus.
(die Arme auf den Bauch legen und einige Atemzüge lang liegen lassen)

Doch Regine winkt immer wieder ab.
„Du weißt doch, dass ich nicht gerne wegfahre. Wenn du mich heiraten willst, musst du das hinnehmen. Ich habe eine bessere Idee: Als Hochzeitsreise machen wir Urlaub daheim", meint sie bestimmt und macht eine ausladende Handbewegung.
(die Arme nach vorne strecken und mit einem weiten Bogen öffnen)

Dann hat sie einen Einfall: „Komm doch morgen vorbei. Dann zeig ich dir, wohin die Reise geht."
Morgen ist Samstag. Klaus hat Zeit. Also willigt er ein.

Am nächsten Tag steht Klaus um zehn Uhr vor Regines Tür. Er hat Wanderstiefel an. Und einen Rucksack hat er auch dabei. Regine schmunzelt, als sie seine Ausrüstung sieht.
„Das hättest du gar nicht gebraucht. Komm mit", meint sie und streichelt ihm über seine Hand.
(mit der rechten Hand sanft über die linke streicheln)

Regine führt Klaus hinter das Haus. Sie gehen einen kleinen Feldweg entlang, bis sie am Ortsrand angekommen sind. Dort auf der Wiese hat sie eine Decke ausgebreitet.
„Bitte schön. Leg dich hin", fordert sie ihren Verlobten auf.
Der schaut sich erst um.
(den Kopf langsam von rechts nach links bewegen und wieder zurück)

Dann folgt Klaus aber Regines Einladung. Beide strecken sich nebeneinander auf der Decke aus.
(den Oberkörper lang machen und die Arme sanft nach oben strecken)

„Jetzt mach die Augen zu", flüstert Regine.
Klaus tut, wie ihm geheißen. Regine pflückt einen langen Grashalm und fährt damit den Arm von Klaus rauf und runter.
(mit der linken Hand den rechten Arm sanft auf und ab streichen)

„Weitermachen", murmelt Klaus.
Er rekelt sich wohlig auf der Decke.
(den Oberkörper sanft hin und her wiegen)

Regine lacht. Dann legt sie Klaus eine Hand auf den Kopf und beginnt, von der Stirn bis in den Nacken zu streichen.
(eine Hand auf die Stirn legen und über den Kopf bis zum Nacken streichen)

Jetzt macht Regine es sich auch gemütlich. Sie lehnt sich zurück und schließt die Augen. Die Sonne wärmt ihr Gesicht.
(beide Hände kurz aneinanderreiben und dann auf das Gesicht legen)

„Bist du das wieder?", hört sie Klaus fragen.
Regine blinzelt zu ihm hinüber.
„Nein", lacht sie.

„Über deinen Arm krabbelt ein Marienkäfer. Der hat jetzt die Streicheleinheiten übernommen."
(mit den Fingern sanft auf den rechten, dann den linken Arm klopfen)

Regine hält einen Finger an Klaus' Arm. Der kleine Käfer krabbelt darauf. Er läuft über Regines Handrücken.
(mit dem Finger sanft über beide Handrücken streichen)

Huch! Jetzt breitet der Marienkäfer seine Flügel aus und fliegt davon. Regine sieht im kurz nach. Dann schließt sie wieder die Augen. Sie greift ins Gras neben der Decke und lässt die Grashalme durch ihre Finger gleiten.
(die Finger beider Hände vor der Brust locker verschränken, sanft auseinandergleiten lassen und wiederholen)

Regine dreht sich zur Seite. Sie schiebt eine Hand unter den Kopf und macht es sich gemütlich.
(eine Hand an die Wange legen und das Gesicht dagegenlehnen)

So kann sie Klaus in Ruhe beobachten. Der bekommt davon nichts mit. Denn er hat die Augen geschlossen. Sein Atem ist gleichmäßig und tief. Sein Brustkorb hebt und senkt sich bei jedem Atemzug.
(die Arme auf die Brust legen und einige Atemzüge lang liegen lassen)

Regine beginnt, ein kleines Lied zu summen:
„Auf unsrer Wiese gehet was,
watet durch die Sümpfe,
es hat ein schwarzweiß Röcklein an,
trägt auch rote Strümpfe,
fängt die Frösche, schnapp, schnapp, schnapp,
klappert lustig, klapper-di-klapp,
wer kann das erraten?“
(die Melodie des Volksliedes summen)

Als Regine die Melodie zweimal gesummt hat, schaut sie wieder zu Klaus. Der zeigt keine Reaktion. Ob ihm das Lied nicht gefallen hat? Doch da merkt Regine, dass Klaus wohl eingeschlafen ist. Sie grinst.
„Also gefällt dir meine Art des Urlaubs auch“, murmelt sie.
Dann beginnt sie, ihren Verlobten ganz zärtlich zu wecken. Sie fährt mit ihrem Zeigefinger immer wieder seinen Oberarm auf und ab.
(mit dem Zeigefinger erst den rechten, dann den linken Oberarm entlangstreichen)

Es dauert ein wenig, bis Klaus schließlich die Augen öffnet. Er reibt sich verschlafen mit den Händen übers Gesicht und gähnt.
(gähnen und mit den Händen übers Gesicht streichen)

„Na, du Schlafmütze? Du scheinst dich an meinem Urlaubsort ja gut zu erholen“, lacht Regine.
Klaus lächelt sie an und nickt.
„Ich habe noch eine kleine Urlaubsüberraschung für dich“, sagt Regine plötzlich und steht auf. Sie entfernt sich einige Meter von der Decke und bückt sich. Dann kommt sie zu Klaus zurück und streckt ihm ihre Fäuste hin.
„Rechts oder links?“, will sie wissen.
Klaus tippt erst auf Regines rechte Hand. Dann auf ihre linke.
„Beide“, grinst er.
(erst mit den Fingern auf den Handrücken der rechten Hand, dann auf den Handrücken der linken Hand tippen)

„Na gut“, meint Regine.
Sie öffnet ganz langsam erst die rechte Hand, dann die linke Hand.
(die Hände vorstrecken, leicht zu Fäusten ballen und nacheinander langsam öffnen)

„Walderdbeeren!“, freut sich Klaus, als er sieht, was Regine in ihren Händen hat.
„Frisch gepflückt. Nur für dich“, sagt Regine und steckt Klaus die Beeren einzeln in den Mund.
Der kaut mit geschlossenen Augen und gibt genüssliche Brummlaute von sich.
(einen tiefen Summton anschlagen)

„Was sagst du jetzt zu ‚Urlaub daheim‘?“, will Regine nun aber wissen.
Klaus zuckt erst mit den Schultern. Dann nickt er.
„Wo wir sind, ist ja egal. Hauptsache, wir sind zusammen.“
Regine merkt, dass sie ganz gerührt von dieser Liebeserklärung ist.
Deshalb schlägt sie einen Kompromiss vor:
„Na, ein Hochzeitsreise-Tagesausflug ist auf jeden Fall trotzdem drin.“
Klaus und Regine nehmen sich in die Arme und genießen den Augenblick.

Siegfried auf der Schaukel

Siegfried hat für seine Kinder Martin und Anni eine Überraschung: Er hat im alten Nussbaum eine Schaukel aufgehängt. Dazu hat er zwei lange Seile um einen starken Ast geschlungen. Unten hat er ein großes Holzbrett befestigt. Er zieht rechts und links kräftig an den Seilen. Alles hält und ist stabil. Siegfried tritt einen Schritt zurück und legt den Kopf schief. Er stemmt die Arme in die Seiten. Zufrieden begutachtet er sein Werk.
(den Kopf schief legen und die Hände rechts und links an die Hüfte legen)

Eigentlich könnte er jetzt seine Kinder rufen. Aber irgendetwas lässt ihn zögern. Er fühlt sich gerade so sehr an seine eigene Kindheit erinnert. Da will er die Schaukel doch lieber erst einmal selbst ausprobieren. Siegfried setzt sich vorsichtig auf das Brett. Er atmet tief ein und aus.
(tief ein- und ausatmen)

Genau so saß er als kleiner Junge auf der Schaukel, die in Großvaters Garten im riesengroßen Kirschbaum hing. Siegfried schließt für einen Moment die Augen und hängt seinen Gedanken nach.
(die Augen schließen)

Ein warmes Gefühl macht sich in Siegfried breit.
„Ich war der beste Schaukler weit und breit“, murmelt er leise.
Er rutscht auf dem Brett ein wenig hin und her.
(das Becken sanft hin und her bewegen)

Dann lehnt er sich zurück. Rechts und links hält er sich mit den Händen an den Seilen fest. Mit den Füßen stößt Siegfried sich vom Boden ab.
(den Oberkörper weit zurücklehnen)

Es geht los! Die Schaukel schwingt nach hinten. Siegfried zieht seine Beine an.
(die Beine zurückziehen)

Als die Schaukel wieder nach vorne schwingt, streckt er seine Beine aus.
(die Beine ausstrecken)

Siegfried genießt das Schaukeln in vollen Zügen. Er lacht laut auf und schaukelt vor und zurück, vor und zurück.
(den Oberkörper sanft vor- und zurückwiegen)

Immer höher und höher schaukelt er.
„Bis hoch in den Himmel", kichert Siegfried.
Er spürt, wie der Wind ihm über die Arme streicht.
(mit den Händen sanft über die Arme streicheln)

Er hört, wie der Luftzug leicht in seinen Ohren pfeift. Siegfried legt den Kopf in den Nacken.
(den Kopf in den Nacken legen)

Über ihm rauschen die Blätter des Nussbaumes im Wind. Er streckt den Kopf nach oben und schaut nach rechts und nach links.
(den Kopf nach oben strecken und langsam nach rechts und nach links bewegen)

An ihm fliegt die Umgebung vorbei. Die Büsche im Garten kommen näher und entfernen sich wieder. Die Wolken am Himmel gleiten über ihm vorbei. Der Kirchturm in der Ferne wird vor seinen Augen groß und wieder klein. Siegfried schnuppert. Es riecht nach frisch gemähtem Gras und würzigen Kräutern. Aus dem Haus weht der Geruch von Pfannkuchen herüber. Siegfrieds Frau Mathilde ist eine wunderbare Köchin! Siegfried läuft das Wasser im Mund zusammen.
(tief ein- und ausatmen)

„Herrlich“, seufzt Siegfried. Dann spitzt er die Ohren. Jetzt kann er nicht nur den Luftzug hören. Er legt den Kopf schief.
(den Kopf schief legen)

Eine Amsel pfeift. Grillen zirpen. Er hört das leise „Miau“ der Nachbarskatze und das Muhen der Kühe aus dem Stall gegenüber. Ein Specht hämmert im Takt gegen den Baumstamm. In der Ferne hört er das Tuckern eines Traktors. Siegfried lässt die beiden Seile los und legt seine Hände auf die Oberschenkel.
(die Hände auf die Oberschenkel legen)

Ach, ist das schön! Siegfried atmet tief durch die Nase ein und lässt den Atem durch den offenen Mund wieder ausströmen.
(mit der Nase einatmen, mit dem Mund ausatmen)

Er nimmt die Hände von den Oberschenkeln und legt sie auf seinen Bauch. Siegfried spürt, wie sich seine Bauchdecke hebt und senkt.
(die Hände auf den Bauch legen und dem Atem nachspüren)

Die Schaukel schwingt langsamer. Siegfried greift nach den beiden Seilen und holt erneut Schwung. Erst zieht er seine Beine an, dann streckt er sie weit aus.
(die Beine anziehen, dann ausstrecken)

Mit dem Oberkörper nimmt er den Schwung auf und beugt sich vor und zurück.
(den Oberkörper sanft vor- und zurückwiegen)

Plötzlich fühlt sich Siegfried wie damals als kleiner Hosenmatz.
Er kann es beinahe spüren, wie ihm sein Großvater über das Haar streicht.
(mit der Hand sanft über den Kopf streichen)

Siegfried erinnert sich an die süßen Karamellbonbons, die ihm sein Großvater immer zugesteckt hat. In seinem Mund breitet sich ein süß-klebriger Geschmack aus. Siegfried leckt sich genießerisch über die Lippen.
(mit der Zunge über die Lippen lecken)

Er lockert den Griff seiner Hände an den Seilen. Sanft lässt er seine Schultern kreisen.
(die Schultern langsam kreisen lassen)

Siegfried ist so versunken in die Schaukelei, dass er die Stimmen neben sich erst gar nicht registriert. Erst als sie lauter werden, bewegt er den Kopf langsam nach rechts und links.
(den Kopf langsam nach rechts und links bewegen)

Siegfried zuckt zusammen. Neben der Schaukel stehen seine Kinder Martin und Anni. Sie sehen ihn mit großen Augen an. Irgendwie fühlt er sich seltsam ertappt. Siegfried bremst widerwillig ab. Dazu lässt er die Zehenspitzen über das Gras schleifen.
(die Füße auf die Zehenspitzen rollen)

Als die Schaukel nicht mehr schwingt, steigt Siegfried vom Brett. Er hebt die Arme in die Luft und streckt sich.
(die Arme hochheben und strecken)

„Papa! Ist das die Überraschung, die du uns versprochen hast?“, fragt Martin und deutet auf die Schaukel.
Siegfried nickt.
„Aber warum schaukelst du dann? Die Schaukel ist doch für uns Kinder!“, beschwert sich Anni.
Siegfried tritt verlegen von einem Fuß auf den anderen.
(die Füße abwechselnd leicht anheben und wieder abstellen)

Dann kratzt sich Siegfried am Kopf.
„Na, immerhin musste ich erst einmal ausprobieren, ob die Schaukel funktioniert. Und ob sie stabil genug ist“, behauptet er.
Martin und Anni sehen sich an, rollen mit den Augen und schütteln die Köpfe.
„Hopp, hopp. Jetzt seid ihr an der Reihe. Wer will als Erster?“, fragt Siegfried.
„Ich!“, rufen Anni und Martin gleichzeitig.
„Werdet euch mal einig. In der Zwischenzeit schaukle ich einfach noch ein bisschen“, sagt Siegfried, grinst und setzt sich wieder auf das Schaukelbrett.

Überraschend musikalisch

Theresa und Johann sind verlobt. Die Hochzeit soll in einem halben Jahr stattfinden. Heute sind die beiden bei Johanns Onkel August eingeladen. Den hat Theresa noch gar nicht kennengelernt. Darum ist sie auch ziemlich nervös. Onkel August wohnt in einer alten Villa. Als Theresa und Johann vor dem großen Eingangsportal stehen, legt Theresa ihren Kopf in den Nacken und schaut an der imposanten Fassade hoch.
(den Kopf in den Nacken legen)

„Das ist ja beinahe ein Schloss. Dein Onkel muss ein feiner Herr sein", murmelt sie ehrfürchtig.
„Naja, der Schein trügt. Onkel August ist alles andere als ein würdiger Schlossherr", flüstert Johann.
Als sich die Tür öffnet, legt Johann seinen Arm um Theresa und strafft die Schultern.
(die rechte Hand auf die linke Schulter legen)

„Ihr seid zu früh", sagt der Mann, der im Türrahmen erscheint, brummig.
„Geht mal in den Salon. Ich komme später nach", meint er noch und verschwindet.
Die Tür lässt er offen stehen.
„Was war das denn?", fragt Theresa erstaunt.
„Nicht ‚was', sondern ‚wer'. Das war mein Onkel August, wie er leibt und lebt", informiert Johann kopfschüttelnd.
Er zieht seine Verlobte hinter sich her in den Salon der Villa.
Dort lässt Theresa ihren Blick langsam zu allen Seiten wandern.
(den Kopf langsam von rechts nach links bewegen)

Die Decke des Zimmers ist mit Stuck verziert. Durch hohe Sprossenfenster scheint die Sonne und beleuchtet den riesigen Raum.
„Auch wenn dein Onkel nicht sehr nett zu sein scheint: Ich komme mir gerade vor wie im Märchen", haucht Theresa und schließt genießerisch die Augen.
(die Augen schließen und langsam ein- und ausatmen)

„Wo bleibt er denn jetzt?", reißt Johann sie aus ihren Tagträumen.
„Er wird schon gleich kommen", versucht Theresa, ihren Verlobten zu beruhigen.
„Das ist wieder einmal typisch für Onkel August. Lässt uns einfach warten", beschwert Johann sich weiter.
Aber Theresa lässt sich ihre Laune nicht verderben. Sie schlendert durch den Salon.
(die Arme wie beim Gehen langsam vor- und zurückschwingen)

„Da! Schau! Hier steht sogar ein Klavier", stellt Theresa fest.
„Ja, ja, das steht schon immer hier", sagt Johann und klingt viel weniger begeistert als seine Liebste.
„Kann dein Onkel darauf spielen?", will Theresa wissen.
„Natürlich. Jeder in unserer Familie kann Klavier spielen", antwortet Johann abwesend.
„Wirklich? Das wusste ich ja gar nicht! Wenn du so musikalisch bist, dann könntest du uns zum Zeitvertreib etwas vorspielen", schlägt Theresa vor.

Sie stellt sich neben Johann und streichelt ihm auffordernd über den Arm.
(mit der linken Hand über den rechten Arm streicheln)

„Na, gut", brummt Johann.
Er zieht den Hocker unter dem Klavier hervor und setzt sich.
„Was willst du denn hören?", fragt er und lässt die Finger knacken.
„Etwas Schönes", lacht Theresa.
Johann seufzt. Dann legt er die Finger auf die Tasten und beginnt, zu spielen. Theresa hat das Lied sofort erkannt und singt mit:

Hoch auf dem gelben Wagen
sitz ich beim Schwager vorn.
Vorwärts die Rosse jagen,
lustig schmettert das Horn.
Berge und Wälder und Matten,
wogendes Ährengold –
möchte wohl ruhen im Schatten;
aber der Wagen rollt.
(mitsingen oder mitsummen und die Finger wie beim Klavierspielen auf dem Tisch oder den Oberschenkeln bewegen)

„Wie schön", schwärmt Theresa.
„Noch eine Zugabe?", fragt Johann.
Seine Laune hat sich gebessert. Er lässt die Schultern kreisen.
(die Schultern sanft kreisen lassen)

Dann beginnt er, ein neues Lied zu spielen.
„Das kenne ich auch“, sagt Theresa, klopft den Takt auf ihrem Bein mit und singt:

Ein Jäger aus Kurpfalz,
der reitet durch den grünen Wald,
er schießt das Wild daher,
gleich wie es ihm gefällt.
Juja, juja! Gar lustig ist die Jägerei
allhier auf grüner Heid,
allhier auf grüner Heid!
(mitsingen oder mitsummen und mit den Händen den Takt auf den Oberschenkeln mitklopfen)

Kaum sind die letzten Töne verklungen, ertönt eine tiefe Bassstimme.
„Was macht ihr denn hier?“
Theresa und Johann drehen sich zur Eingangstür.
„Onkel August! Da bist du ja. Wir warten auf dich“, sagt Johann.
„Ah. Und deshalb quälst du mein Klavier? Du hast auch schon mal besser gespielt, Junge“, kommentiert Onkel August die Antwort seines Neffen.
„Bitte! Wenn du es besser kannst“, meint Johann und erhebt sich vom Klavierhocker.
Mit einer Hand deutet er darauf.
„Und ob ich das besser kann“, sagt Onkel August.
Im Vorbeigehen zwinkert er Theresa zu.
Dann setzt sich der Onkel ans Klavier und beginnt, zu spielen.

Nach dem ersten Takt kann Theresa gar nicht anders. Sie fängt an, zu schunkeln, und singt lautstark mit:

O, du lieber Augustin, Augustin, Augustin,
o, du lieber Augustin, alles ist hin.
Geld ist weg, Mädl ist weg, alles weg, alles weg,
o, du lieber Augustin, alles ist hin.

O, du lieber Augustin, Augustin, Augustin,
o, du lieber Augustin, alles ist hin.
Rock ist weg, Stock ist weg, Augustin liegt im Dreck,
o, du lieber Augustin, alles ist hin.
(mitsingen oder mitsummen und mit dem Oberkörper schunkeln)

Onkel August nimmt die Hände von den Tasten und dreht sich zu Theresa und Johann.
Theresa klatscht begeistert in die Hände.
(in die Hände klatschen)

„Das war BESSER", stellt Onkel August fest und wirft seinem Neffen einen triumphierenden Blick zu.
„Das hätten wir also geklärt. Dann können wir jetzt zum Kaffeetrinken übergehen. Der Tisch ist im Speisesaal gedeckt", sagt er.
Dann steht er auf und verlässt ohne ein weiteres Wort den Salon.
Verdutzt sieht Theresa dem Onkel ihres Verlobten nach.
„Jetzt hast du Onkel August also kennengelernt. Er ist ein Ekel.
Da sind wir uns einig, oder?", fragt Johann.
Theresa knufft ihren Verlobten in die Seite.

„Naja, musikalisch betrachtet, ist er eigentlich ganz nett, dein Onkel. Und er hat irgendwie eine besondere Art von Humor", grinst Theresa.
„Humor?", ruft Johann empört.
„Nun komm schon. Sonst wird der Kaffee kalt", lacht Theresa.
Sie gibt ihrem Johann einen schnellen Kuss auf die Nasenspitze und zieht ihn mit sich in Richtung Speisesaal.

Eine Belohnung für Beate

Endlich ist Frühling! Das ist für Beate die schönste Zeit im Jahr. Denn jetzt kann sie wieder raus in den Garten. Da wartet einiges an Arbeit auf sie. Ihr Mann Helmut hat versprochen, ihr dabei zu helfen. Beate öffnet die Terrassentür und atmet tief ein.
(tief einatmen)

Die milde Frühlingsluft riecht frisch: nach feuchtem Gras und ersten Frühlingsblumen. Beate streckt sich.
(Arme strecken)

Sie schließt für einen Moment die Augen. Die Strahlen der Frühlingssonne wärmen ihr Gesicht.
(Hände aneinanderreiben, dann Augen schließen und angewärmte Handflächen auf das Gesicht legen)

„Wie schön", murmelt sie genießerisch.
Dann öffnet Beate wieder ihre Augen.
„Womit fange ich an?", überlegt sie.
Sie lässt ihren Blick im Garten umherwandern.
(Kopf langsam von rechts nach links drehen)

„Ob es schon warm genug ist, um Radieschen auszusäen?", murmelt Beate.
Sie legt ganz automatisch ihre Hände auf ihre Oberarme und reibt sie.
(Hände über Kreuz auf die Oberarme legen und sanft reiben)

Beate streckt ihren Kopf hoch, um einen Blick auf das Thermometer an der Hauswand zu werfen.
(Hals lang machen und Kopf hochstrecken)

„Zwölf Grad. Ja, das müsste reichen", stellt sie fest.
Beate stapft zum Gartenschuppen. Dort stehen ihre Gartengeräte. Und der Korb mit den Sämereien. Beate greift nach der Harke, den Handschuhen und den Radieschensamen. All das legt sie vor dem Gemüsebeet ins Gras. Dann streift sie sich die Gartenhandschuhe über.
(erst mit der rechten Hand über die linke, dann mit der linken Hand über die rechte streichen)

Beate fällt ein, dass sie die Gießkannen im Schuppen vergessen hat. Die könnte ja ihr Mann holen. Immerhin wollte er helfen.
„Helmut? Kommst du mal?", ruft sie in Richtung Haus.
Aber sie bekommt keine Antwort. Stattdessen hört sie jemanden in der anderen Ecke des Gartens rumoren. Sie dreht sich um und legt ihre Hände auf den unteren Rücken.
(Hände auf den unteren Rücken legen)

„Helmut!", ruft sie wieder.
Die Ecke, aus der die Geräusche kommen, kann Beate nicht einsehen. Eine dichte Hecke trennt sie vom Rest des Gartens ab.
„Hallo? Was treibst du denn da?", fragt sie.
Als wieder niemand reagiert, schüttelt Beate den Kopf.
„Alles muss man hier alleine machen", seufzt sie.
Beate geht zurück zum Gartenschuppen und holt die Gießkannen.

Auf dem Weg füllt sie am Außenhahn noch Wasser ein. Gedankenverloren hält sie dabei eine Hand unter den Wasserstrahl. Schön frisch! Beate zieht ihre Hand zurück und schüttelt sie aus.
(Hände vor dem Körper leicht ausschütteln)

Dann stellt sie das Wasser ab und wischt die Hand an ihrer Hose trocken.
(Hände über die Oberschenkel reiben)

„Sind die schwer!", stellt Beate fest, als sie zwei volle Gießkannen zum Gemüsebeet schleppt. Sie stellt die Kannen ab und wischt sich mit dem Handrücken über ihre Stirn.
(mit dem Handrücken über die Stirn streichen)

„Helmut könnte ruhig auch mal mithelfen", murmelt Beate.
Aber dann schüttelt sie den Kopf. Sie mag Gartenarbeit ja gerne.
Da wird sie sich jetzt die Laune nicht verderben lassen. Beate reißt das Päckchen mit den Samen auf. Dann greift sie nach der Harke.
Damit fährt sie über das Beet.
(Finger der beiden Hände spreizen und damit die Arme von oben nach unten entlangfahren)

Jetzt ist die Erde gelockert. Berta stellt die Harke beiseite und kniet sich neben das Gemüsebeet. Mit einem Finger zieht sie mehrere Bahnen ins Erdreich.
(den Zeigefinger der rechten Hand über den linken Arm ziehen, dann den Zeigefinger der linken Hand über den rechten Arm ziehen)

Beate richtet sich wieder auf. Ihr Nacken fühlt sich verkrampft an. Sie lässt ihre Schultern kreisen.
(Schultern langsam nach vorne und nach hinten kreisen)

Dann nimmt sie das Tütchen mit den Samen. Gleichmäßig lässt sie die kleinen, runden Samenkügelchen in die Vertiefungen rieseln. Danach schiebt sie Erde über die Radieschensamen. Beate klopft alles ein wenig fest.
(Hände über Kreuz auf die Oberarme legen und sanft klopfen)

Beate steht auf und betrachtet zufrieden das angesäte Beet. Sie möchte eigentlich noch mehr Gemüse säen. Aber dazu müsste ihr Mann die schwere Wanne mit Erde bringen.
„Helmut? Kommst du jetzt mal?“, ruft sie laut.
„Ich bin beschäftigt!“, hört Beate ihren Mann aus der anderen Ecke des Gartens rufen.
Beate merkt, dass sie ärgerlich wird.
„Aha, der Herr ist beschäftigt. Statt mir zu helfen, vertreibt er sich die Zeit mit irgendwelchem Unsinn“, zischt Beate.
Sie klopft sich Erdkrümel von ihren Hosenbeinen und strafft die Schultern.
(mit beiden Händen seitlich an die Oberschenkel klopfen)

Dann geht sie mit entschlossenen Schritten zur Hecke. Hinter den Büschen liegen Stangen und Werkzeuge. Und Helmut steht daneben.
„Es wäre schön, wenn du mir mal zur Hand gehen könntest“, zetert sie.

Helmut lässt den Schraubenschlüssel in seiner Hand sinken.
„Aber das mache ich doch“, grinst er.
Helmut kommt auf seine Frau zu und streicht ihr über die Wange.
(mit einer Hand über die Wange streichen)

Beate sieht ihren Mann verwirrt an.
„Jetzt sag schon: Was treibst du da?“, fragt sie.
Helmut streckt seinen Arm aus und beschreibt einen Bogen.
(mit dem ausgestreckten Arm einen Bogen vor dem Körper beschreiben)

„Das sollte eigentlich eine Überraschung für dich werden.
Aber sie ist noch nicht fertig“, erklärt Helmut.
Beate betrachtet das Sammelsurium, das hier herumliegt, genauer.
„Weißt du was? Du machst dich jetzt frisch. Und dann kochst du uns einen schönen Kaffee. Bis dahin müsste ich fertig sein“, schlägt Helmut vor.
Beate weiß zwar immer noch nicht, was ihr Mann da macht.
Aber sie mag Überraschungen. Ihr Ärger ist verflogen. Beate fährt sich durch die Haare, dann nickt sie und macht, was Helmut vorgeschlagen hat.
(mit einer Hand über die Haare streichen)

Eine halbe Stunde später kommt Beate mit zwei Tassen heißen Kaffee in den Garten. Hinter der Hecke wartet Helmuts Überraschung auf sie: Ihr Mann hat für sie eine Hollywoodschaukel aufgebaut. Beate staunt.

„So eine wollte ich schon immer haben", flüstert sie.
„Das weiß ich doch. Und ich dachte mir, hier kannst du dich ganz wunderbar von der Gartenarbeit erholen", grinst Helmut.
Das lässt sich Beate nicht zweimal sagen. Sie reicht Helmut eine der beiden Tassen und lässt sich vorsichtig in der Hollywoodschaukel nieder.
„Ach, so ein schöner Frühlingstag", murmelt Beate, während sie an ihrem Kaffee nippt.
Sanft lässt sie sich gemeinsam mit Helmut vor und zurück schaukeln.
(Oberkörper langsam vor- und zurückbewegen)

Ein beruhigender Waldspaziergang

Bertram ärgert sich. In der Firma gab es Schwierigkeiten mit einer Lieferung. Auf dem Nachhauseweg hatte er einen Platten und musste sein Fahrrad die halbe Strecke schieben. Und jetzt am Feierabend geht die ganze Pechsträhne weiter. Bertram will gerade seine Briefmarkensammlung sortieren. Aber er kann seine Pinzette nicht finden. Bertram könnte in die Luft gehen! Er merkt, wie es hinter seinen Schläfen hämmert. Bertram massiert mit sanftem Druck seine Stirn.
(mit beiden Händen die rechte und linke Schläfe sanft massieren)

Dann stürmt er aufgebracht an seiner Frau Gabriele vorbei.
„Was hast du denn?“, ruft sie ihm nach.
Aber Bertram ist schon aus dem Haus. Er muss hier raus! Bertram schlägt den Weg in das kleine Wäldchen hinter der Siedlung ein.
Als er bei den ersten hohen Fichten angekommen ist, atmet er erst einmal tief durch.
(tief ein- und ausatmen)

Er geht ein paar Schritte und schwingt seine Arme dabei locker hin und her.
(Arme neben dem Körper locker hin- und herschwingen)

Bertram spürt, wie der Waldboden unter seinen Füßen bei jedem Schritt federt. Er kann das Knistern seiner Schritte hören. Über ihm hämmert ein Specht gegen einen Baumstamm. Irgendwo raschelt es. Bertram bleibt einen Moment stehen, schließt die Augen und lauscht.
(zurücklehnen, Augen schließen und nur lauschen)

Hinter den Geräuschen liegt eine wohltuende Ruhe. Bertram dreht seinen Oberkörper langsam hin und her.
(Oberkörper langsam nach rechts und links drehen)

Er riecht den würzigen Duft von Tannennadeln, welken Blättern und Moos. Bertram streckt seine Brust heraus und saugt den Geruch ein.
(Brust nach vorne strecken und tief einatmen)

Wie gut das tut! Bertram legt seinen Kopf in den Nacken.
(Kopf in den Nacken legen)

Durch die Baumkronen scheint die Sonne. Ein paar Strahlen bahnen sich ihren Weg durch Nadeln und Blätter. Bertram genießt den sanften Strahl, der sein Gesicht trifft. Er fühlt sich warm und angenehm an.
(Hände aneinanderreiben und die warmen Handflächen auf das Gesicht legen)

Plötzlich spürt er, wie ihn etwas kitzelt! Sein Blick wandert an seinen Armen entlang. Da! Eine kleine Ameise krabbelt flink nach oben.
(mit einem Finger erst über den rechten Unterarm streichen)

Bertram schaut dem kleinen Krabbler einen Moment zu. „Ich glaube, du solltest lieber auf dem Boden weiterkrabbeln. Hier wirst du deinen Ameisenhaufen nicht finden“, schmunzelt er. Dann wischt er die Ameise sanft vom Arm.
(mit der flachen Hand über den rechten Unterarm wischen)

Bertram geht weiter. Dabei hat er den Blick gesenkt. Was hier alles wächst! Am Boden entdeckt er erste Pilze. Bertram stützt seine Hände auf die Oberschenkel und beugt sich nach unten.
(Hände auf die Oberschenkel stützen und Oberkörper sanft nach unten strecken)

„Ah, Pfifferlinge. Und Morcheln“, stellt Bertram fest. Aber er ist heute nicht zum Pilzesammeln hier. Deshalb macht Bertram einen großen Schritt über die Pilze und geht weiter. Jetzt haben sich die Geräusche verändert. Bertram hört ein Rauschen. Er weiß, dass dort vorne ein kleiner Bach durch den Wald fließt. Bertram steuert darauf zu. Am Ufer angekommen, geht er in die Hocke. Der Bach fließt gemächlich und leise gurgelnd über Steine und Äste. Bertram fasst beherzt in das frische Wasser. Das kühle Nass streichelt seine Hände.
(erst mit der rechten Hand über die linke, dann mit der linken Hand über die rechte streicheln)

„Ganz schön frisch“, lacht Bertram. Er zieht die Hände aus dem Wasser und schüttelt sie aus.
(Hände sanft vor dem Körper ausschütteln)

Dann steht er auf und streckt seine Arme den Baumkronen entgegen.
(Arme weit nach oben strecken)

Bertram will gerade weitergehen, da nimmt er ein leises Geräusch hinter dem Wasserrauschen wahr. Bertram blickt sich um. Dort! Am gegenüberliegenden Bachufer steht ein Reh. Es sieht neugierig zu ihm herüber. Bertram steht ganz still. Fasziniert beobachtet er, wie das Reh auf den Bach zugeht. Ganz vorsichtig macht Bertram einen Schritt nach vorne. Und noch einen. Er versucht, dabei ganz leise zu sein, um das Reh nicht zu verscheuchen.
(Beine abwechselnd leicht anheben)

Doch dann knackt ein Ast unter Bertrams Schuh. Das Reh blickt hoch. Es spannt seinen Körper an. Im nächsten Moment rennt es auch schon fort. Bertram lacht und reibt sich über den Nacken.
(mit einer Hand sanft über den Nacken reiben)

Mit gemächlichen Schritten geht Bertram weiter. Dort vorne ist der Wald zu Ende. Er schlendert an den letzten Bäumen vorbei. Auf einer kleinen Anhöhe tritt er aus dem Wald. Hier ist es viel heller als zwischen dem Gehölz. Bertram blinzelt. Ein sanfter Wind fährt ihm über das Gesicht.
(mit den Fingerspitzen beider Hände über das Gesicht streichen)

Bertram fühlt sich frisch. Er legt eine Hand auf den Bauch. Mit jedem Atemzug kann er eine tiefe Ruhe in sich spüren.
(eine Hand auf den Bauch legen und dabei ruhig atmen)

Beschwingt macht Bertram sich auf den Heimweg. Er hat plötzlich so gute Laune, dass ihm zum Singen zumute ist. Aus voller Brust stimmt Bertram sein Lieblingslied an:

Waldeslust, Waldeslust, o wie einsam schlägt die Brust.
Ihr lieben Vögelein, stimmt eure Lieder ein
und singt aus voller Brust die Waldeslust.
Ihr lieben Vögelein, stimmt eure Lieder ein
und singt aus voller Brust die Waldeslust.
(mitsingen oder mitsummen)

Ein Spaziergänger kommt Bertram entgegen und schaut ihn kopfschüttelnd an. Aber das ist Bertram egal. Ihn kann gerade nichts und niemand aus der Ruhe bringen. Über einen Feldweg gelangt er zurück zum Ortsrand. Wenige Hundert Meter weiter hat er die Siedlung erreicht. Er fischt den Haustürschlüssel aus seiner Hosentasche. Bevor er den Schlüssel ins Schloss stecken kann, öffnet sich die Tür. Bertrams Frau Gabriele steht im Türrahmen. Sie legt den Kopf schief und mustert ihren Mann.
„Kannst du mir mal sagen, was vorhin mit dir los war? Hast du dich geärgert?“, fragt sie besorgt.
Bertram lächelt. Dann schlingt er seine Arme um Gabriele.
(Arme über Kreuz um den Oberkörper legen)

„Wie kommst du denn darauf?", fragt er grinsend.
„Es ist nichts. Mir geht es gut."
Dann schiebt er sich an seiner verdutzten Frau vorbei ins Haus.
Dabei pfeift er noch einmal sein Lieblingslied:

Waldeslust, Waldeslust, o wie einsam schlägt die Brust.
Ihr lieben Vögelein, stimmt eure Lieder ein
und singt aus voller Brust die Waldeslust.
Ihr lieben Vögelein, stimmt eure Lieder ein
und singt aus voller Brust die Waldeslust.
(pfeifen oder summen)